문제도 풀고 좋은 기억도 만드는 치매 예방 프로그램

할머니, 할아버지의

치매 예방 & 두뇌 트레이닝

1-1

도서출판

할머니, 할아버지와 함께하는

치매 예방 & 두뇌 트레이닝 1-1

초판 1쇄 인쇄 | 2019년 10월 1일
초판 4쇄 발행 | 2023년 10월 10일

지은이 | 도서출판 풀잎
펴낸이 | 안대현
디자인 | 부성
펴낸곳 | 도서출판 풀잎
등 록 | 제2-4858호
주 소 | 서울시 중구 필동로 8길 61-16
전 화 | 02-2274-5445/6
팩 스 | 02-2268-3773

ISBN 979-11-85186-77-1 13690

• 이 도서의 국립중앙도서관 출판예정도서목록(CIP)은 서지정보유통지원시스템 홈페이지 (http://seoji.nl.go.kr)와 국가자료공동목록시스템(http://www.nl.go.kr/kolisnet)에서 이용하실 수 있습니다. (CIP제어번호 : CIP2019037127)

문제도 풀고 좋은 기억도 만드는 치매 예방 프로그램

할머니, 할아버지와 함께하는

치매 예방 & 두뇌 트레이닝

1-1

도서출판

숨은 그림 찾기

숨어 있는 그림을 찾아 주세요.

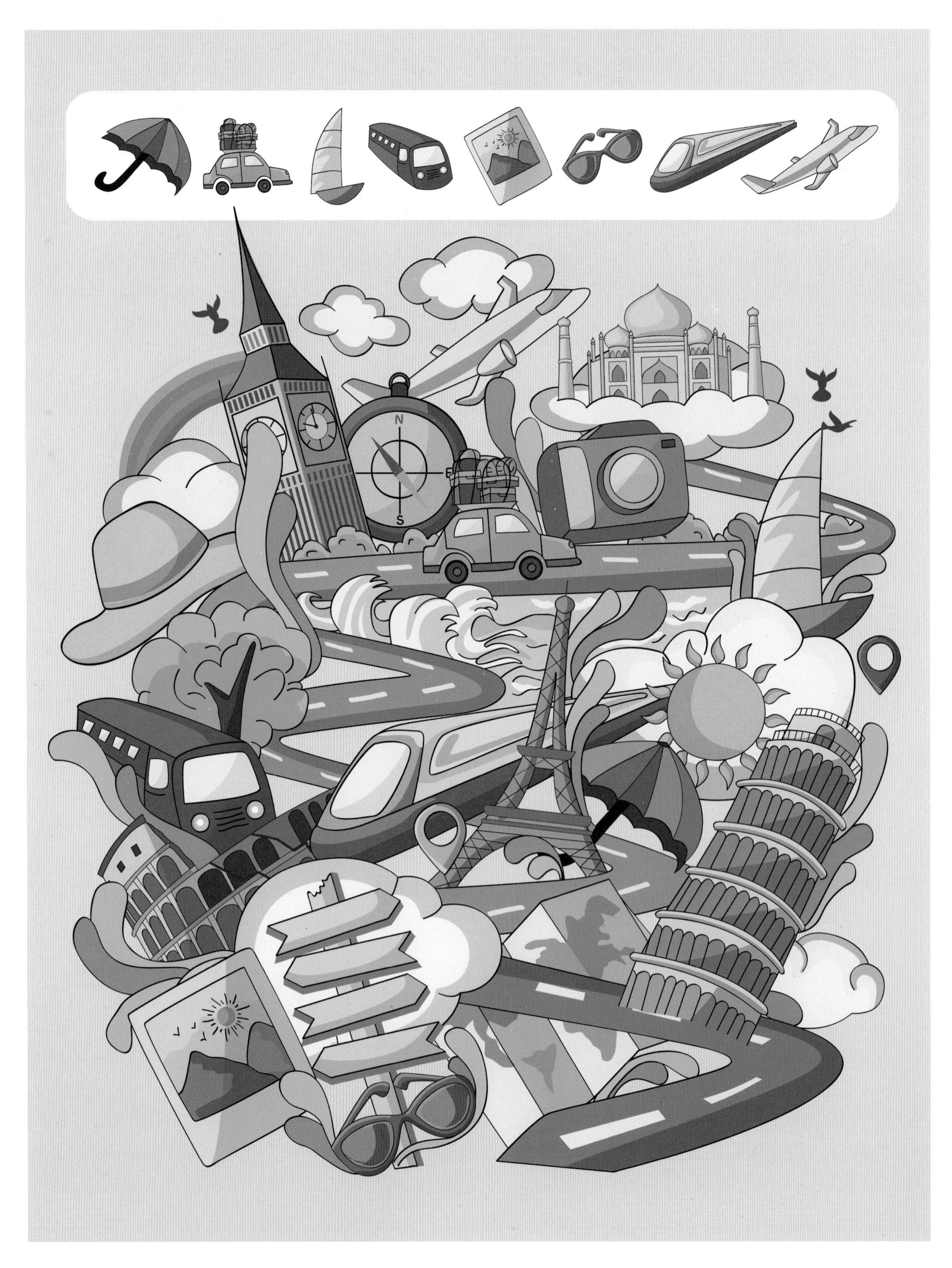

다른 그림 찾기

위와 아래에 있는 그림을 자세히 살펴보세요. 다른 그림이 7개가 있습니다. 모두 찾아 주세요.

같은 그림 찾기

아래 5줄의 그림이 있습니다. 각 줄에 있는 4개의 그림 중 같은 모양의 그림을 찾아주세요.

미로 찾기

미로를 찾아 탈출하세요.

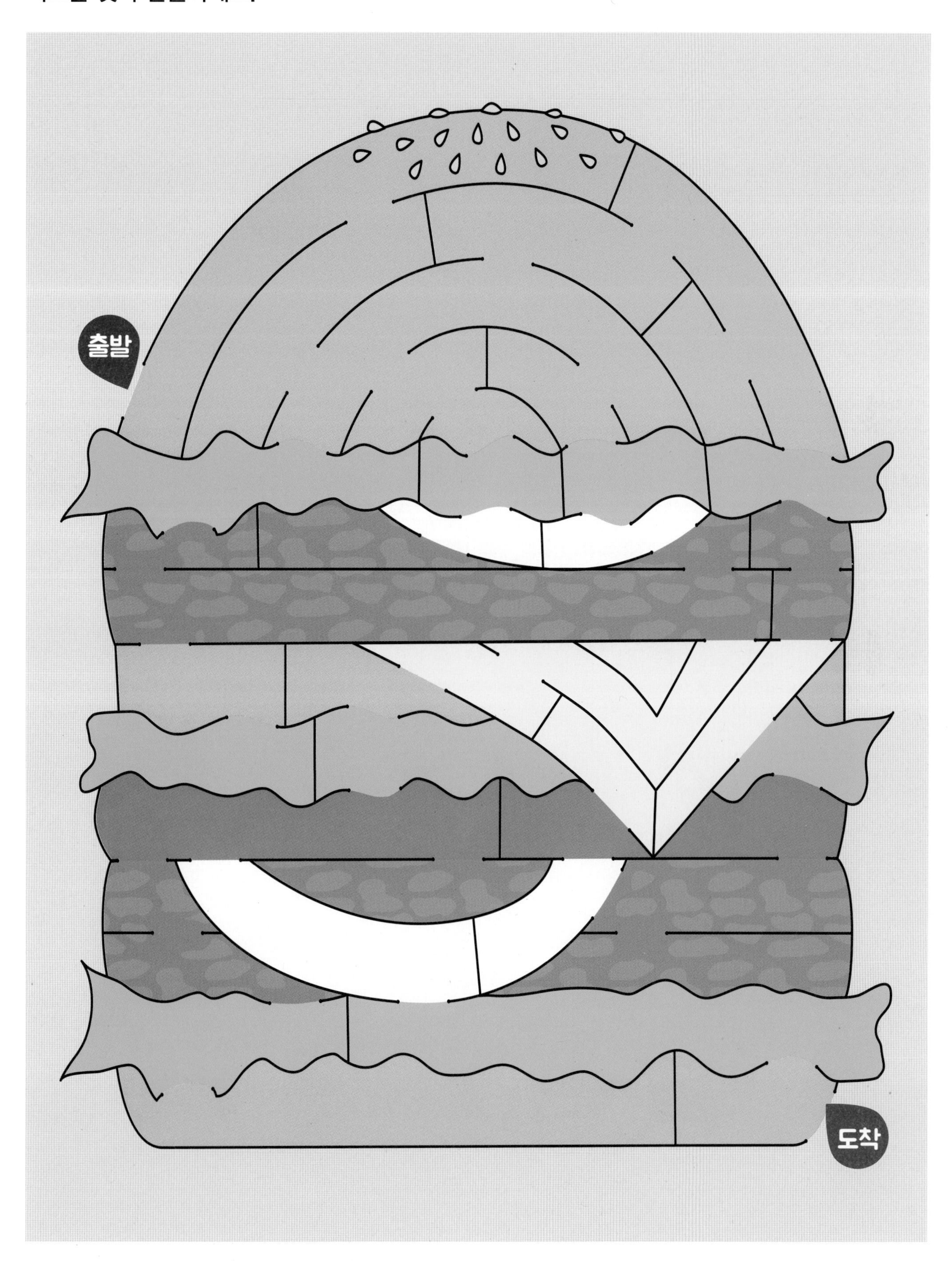

갯수 맞추기

보기와 같은 그림이 몇개나 있을까요? 네모 안에 갯수를 써주세요.

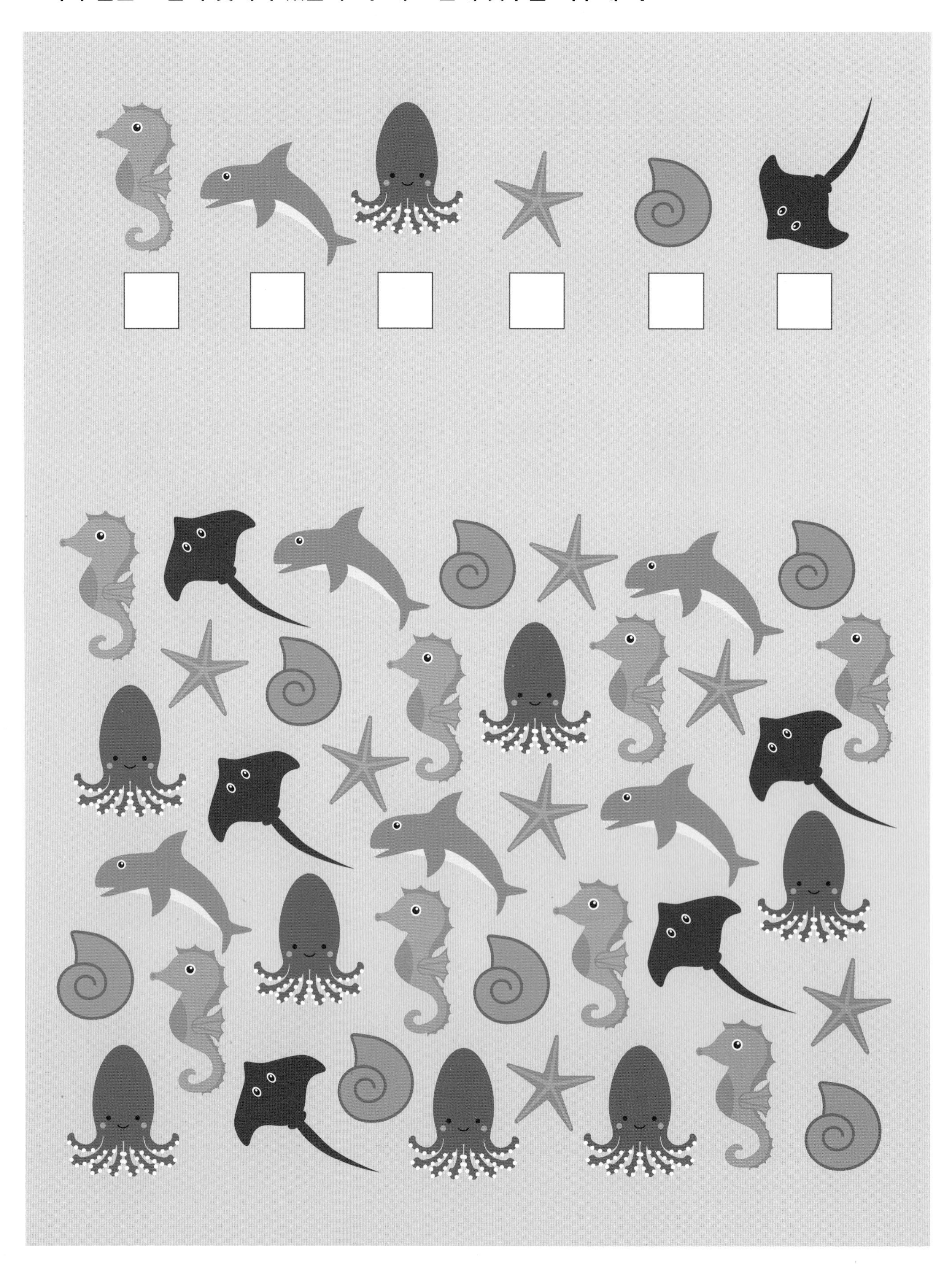

그림자를 찾아 주세요.

그림과 모양이 같은 그림자를 찾아 주세요.

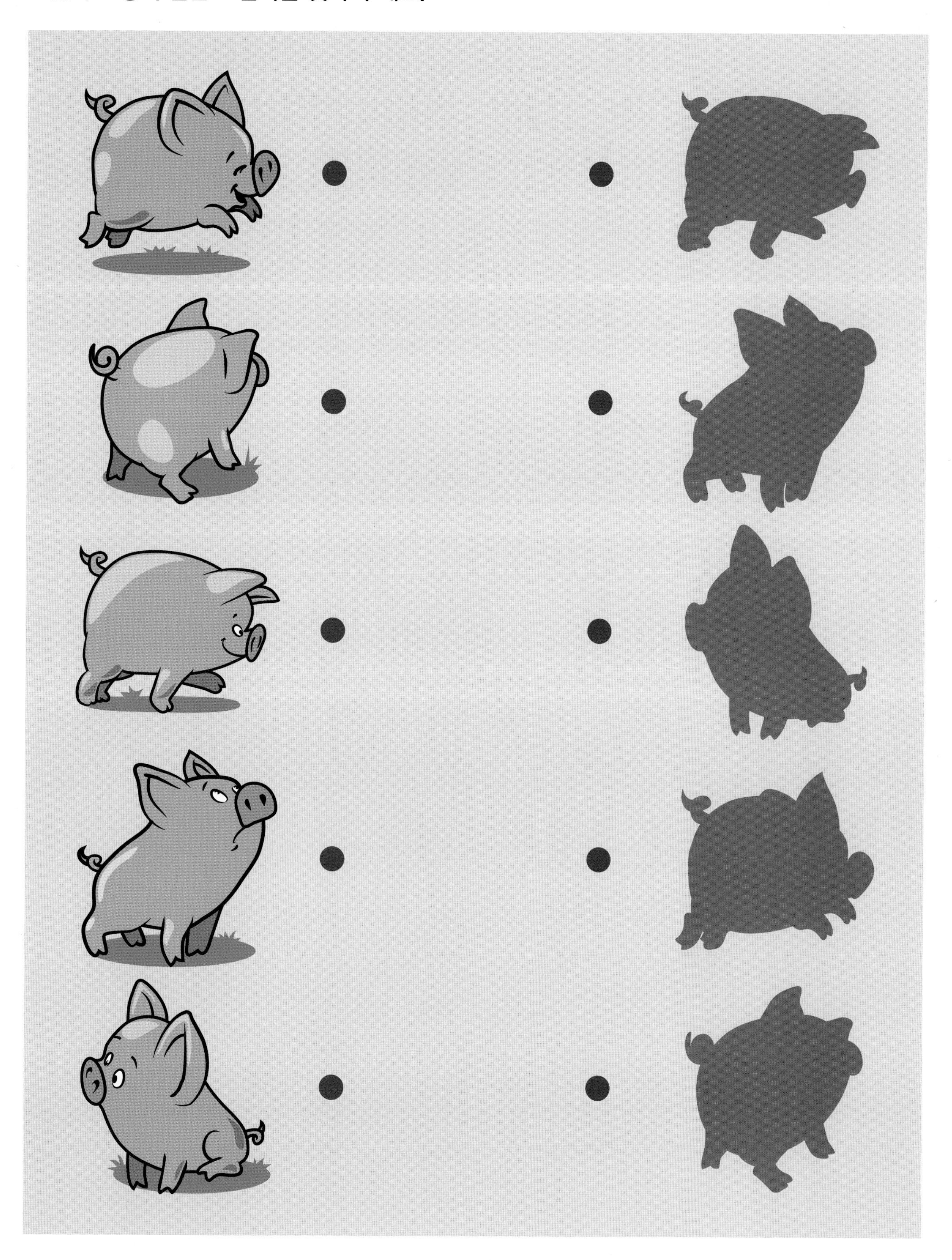

미로 찾기

미로를 찾아 탈출하세요.

그림을 보고 계산해주세요.

그림을 더하거나 뺏을 때 나오는 값으로 그림의 값이 얼마인지 알아내고 물음에 답해 주세요.

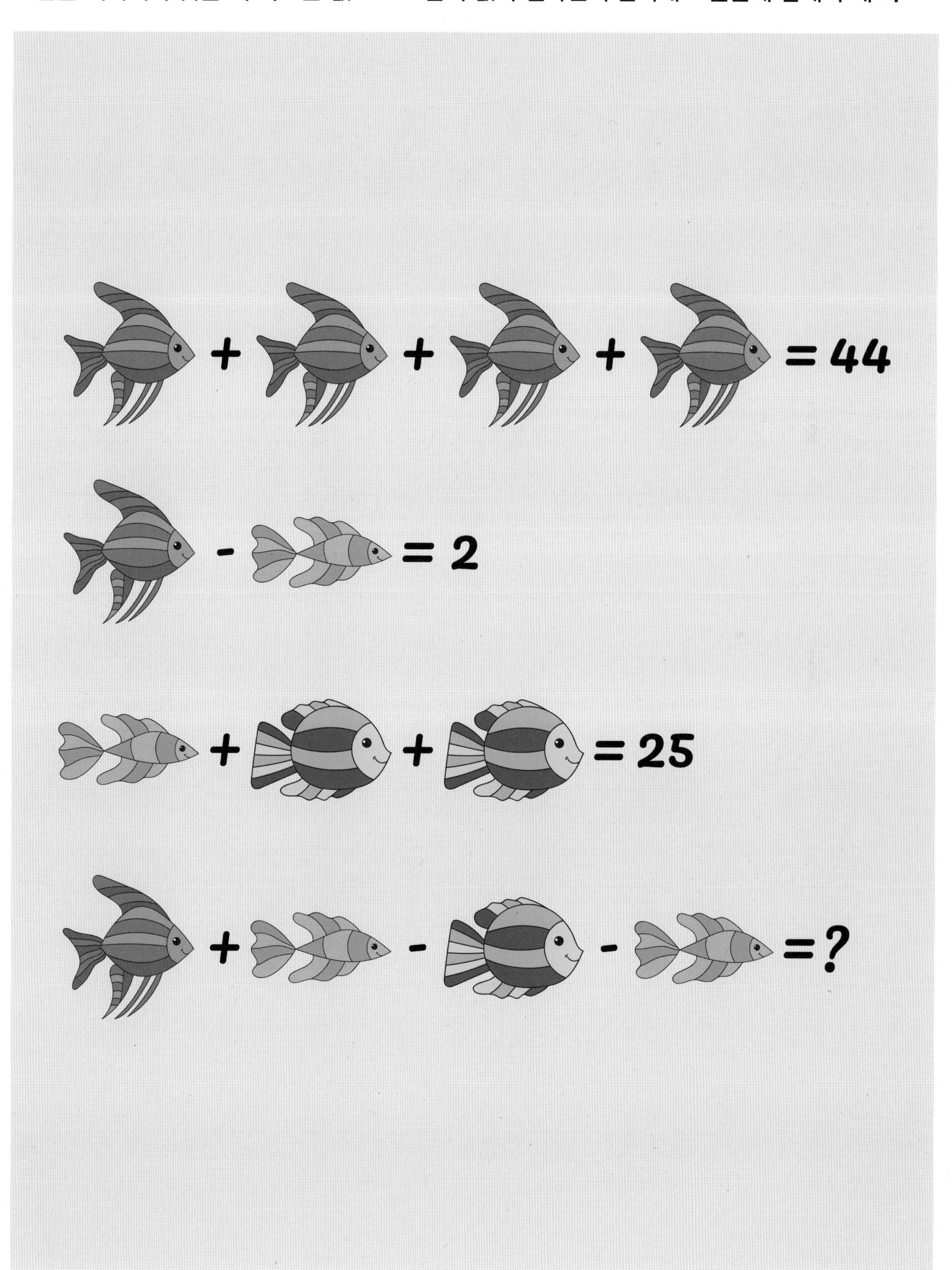

숨은 그림 찾기

숨어 있는 그림을 찾아 주세요.

다른 그림 찾기

위와 아래에 있는 그림을 자세히 살펴보세요. 다른 그림이 7개가 있습니다. 모두 찾아 주세요.

같은 그림 찾기

아래 5줄의 그림이 있습니다. 각 줄에 있는 4개의 그림 중 같은 모양의 그림을 찾아주세요.

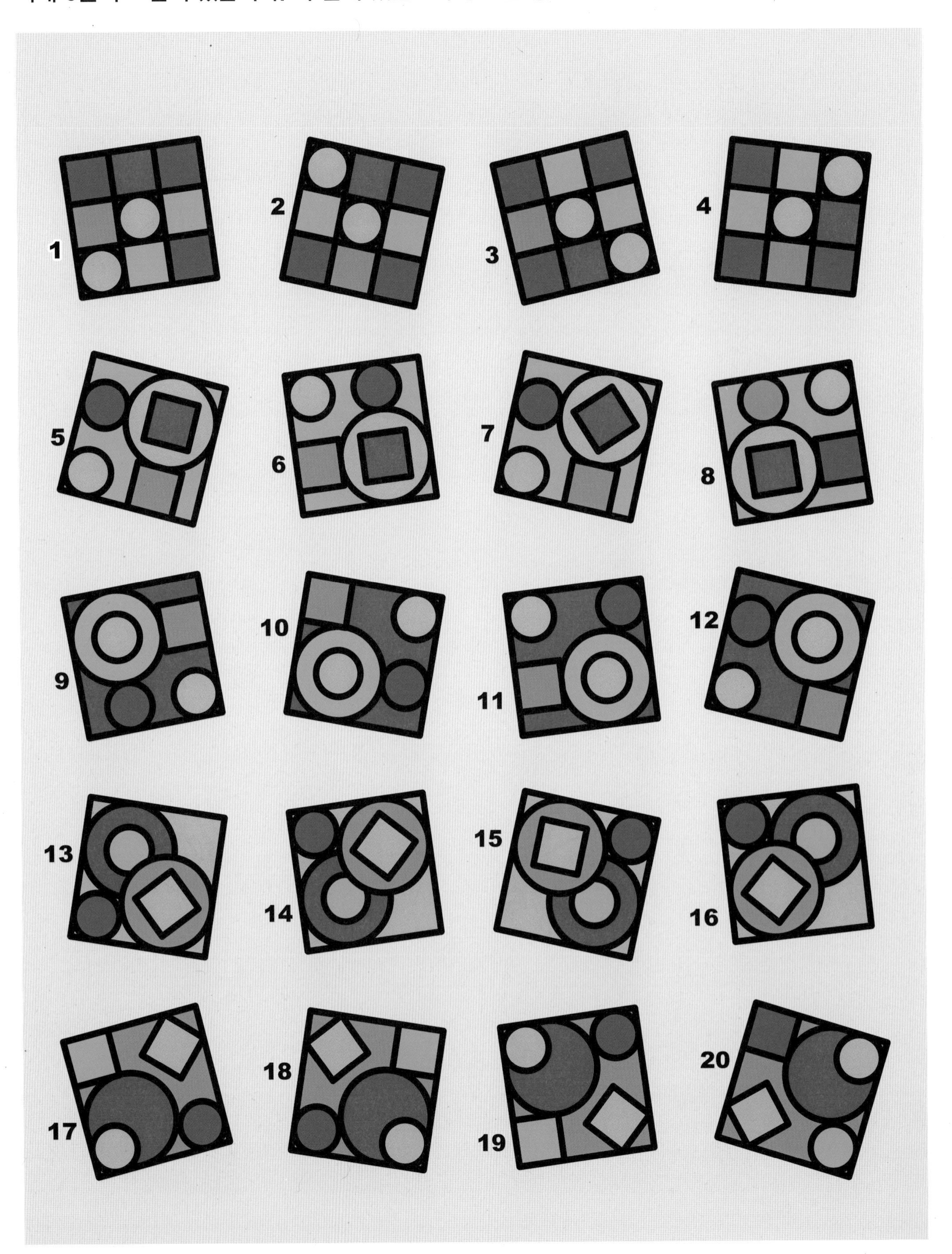

미로 찾기

미로를 찾아 탈출하세요.

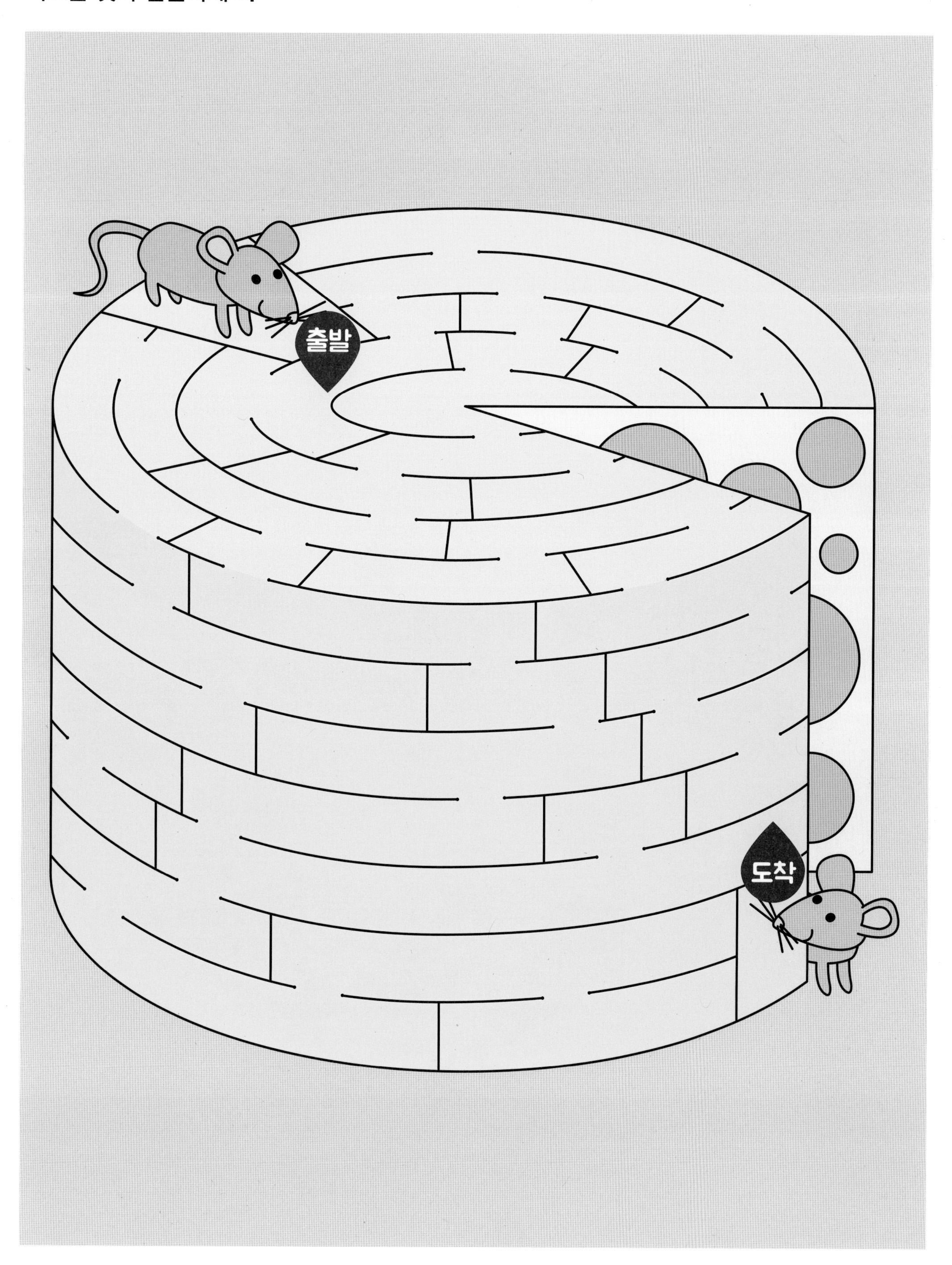

갯수 맞추기

보기와 같은 그림이 몇개나 있을까요? 네모 안에 갯수를 써주세요.

그림자를 찾아 주세요.

그림과 모양이 같은 그림자를 찾아 주세요.

미로 찾기

미로를 찾아 탈출하세요.

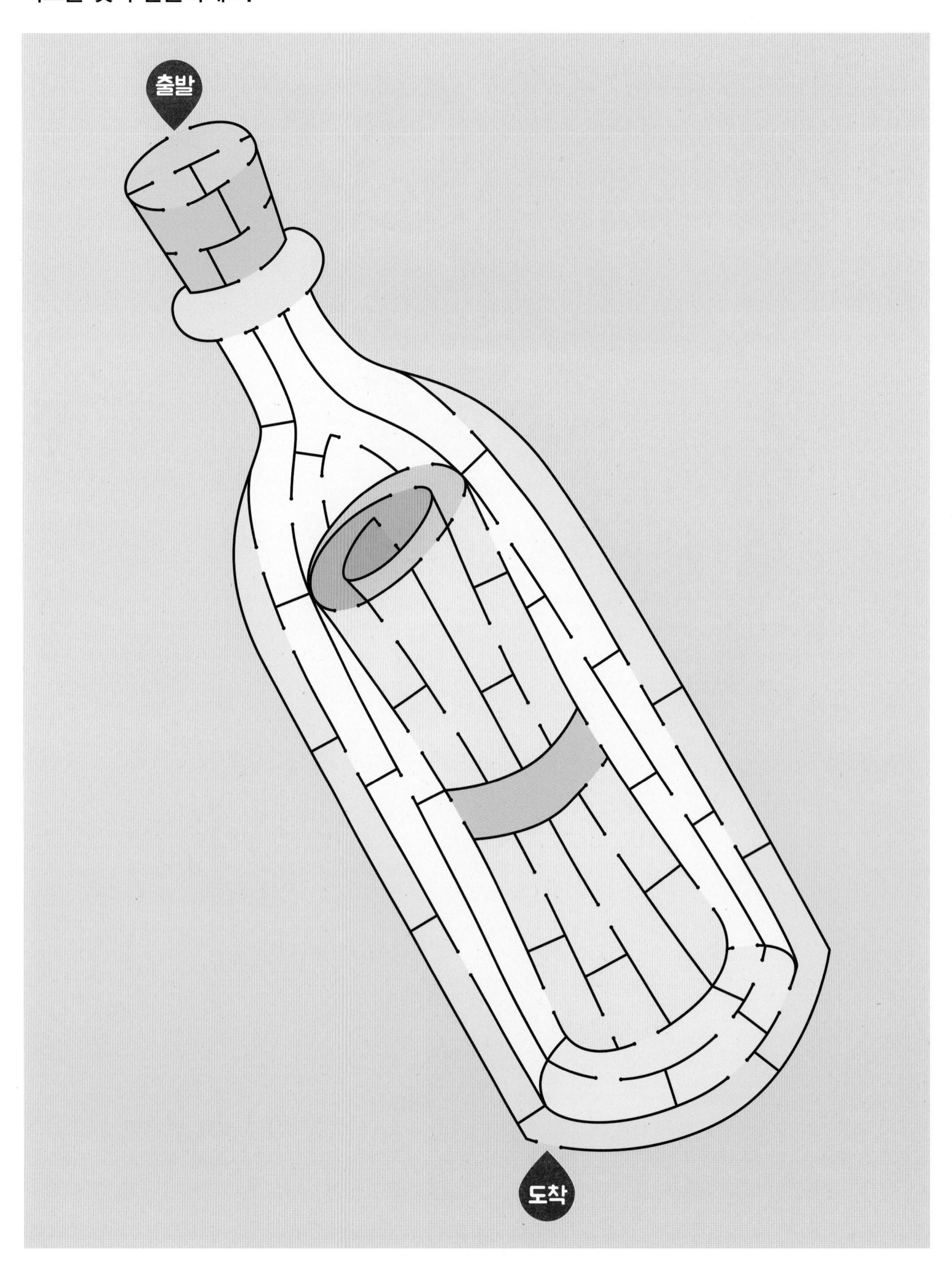

그림을 보고 계산해주세요.

그림을 더하거나 뺏을 때 나오는 값으로 그림의 값이 얼마인지 알아내고 물음에 답해 주세요.

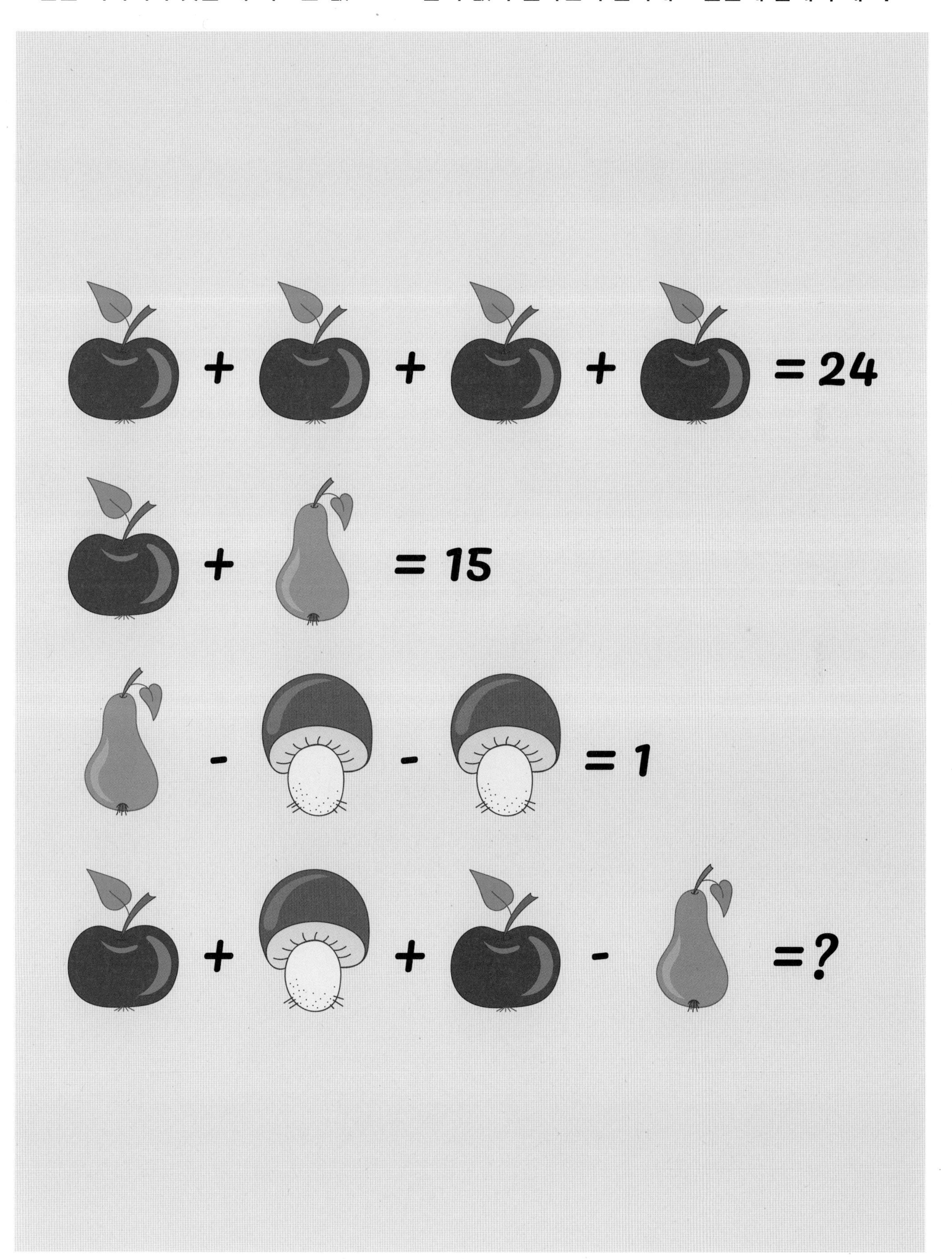

숨은 그림 찾기

숨어 있는 그림을 찾아 주세요.

다른 그림 찾기

위와 아래에 있는 그림을 자세히 살펴보세요. 다른 그림이 7개가 있습니다. 모두 찾아 주세요.

같은 그림 찾기

아래 5줄의 그림이 있습니다. 각 줄에 있는 4개의 그림 중 같은 모양의 그림을 찾아주세요.

미로 찾기

미로를 찾아 탈출하세요.

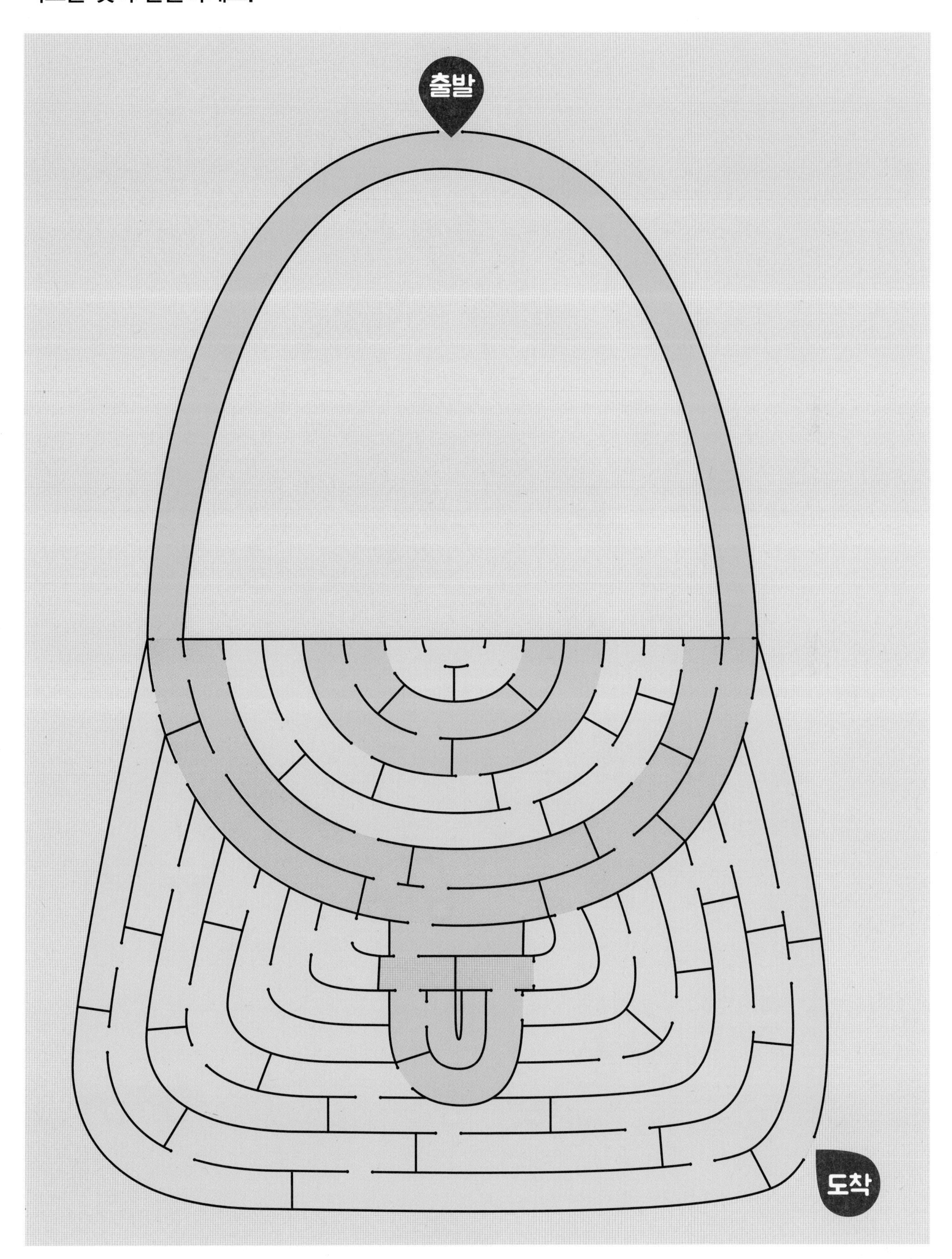

갯수 맞추기

보기와 같은 그림이 몇개나 있을까요? 네모 안에 갯수를 써주세요.

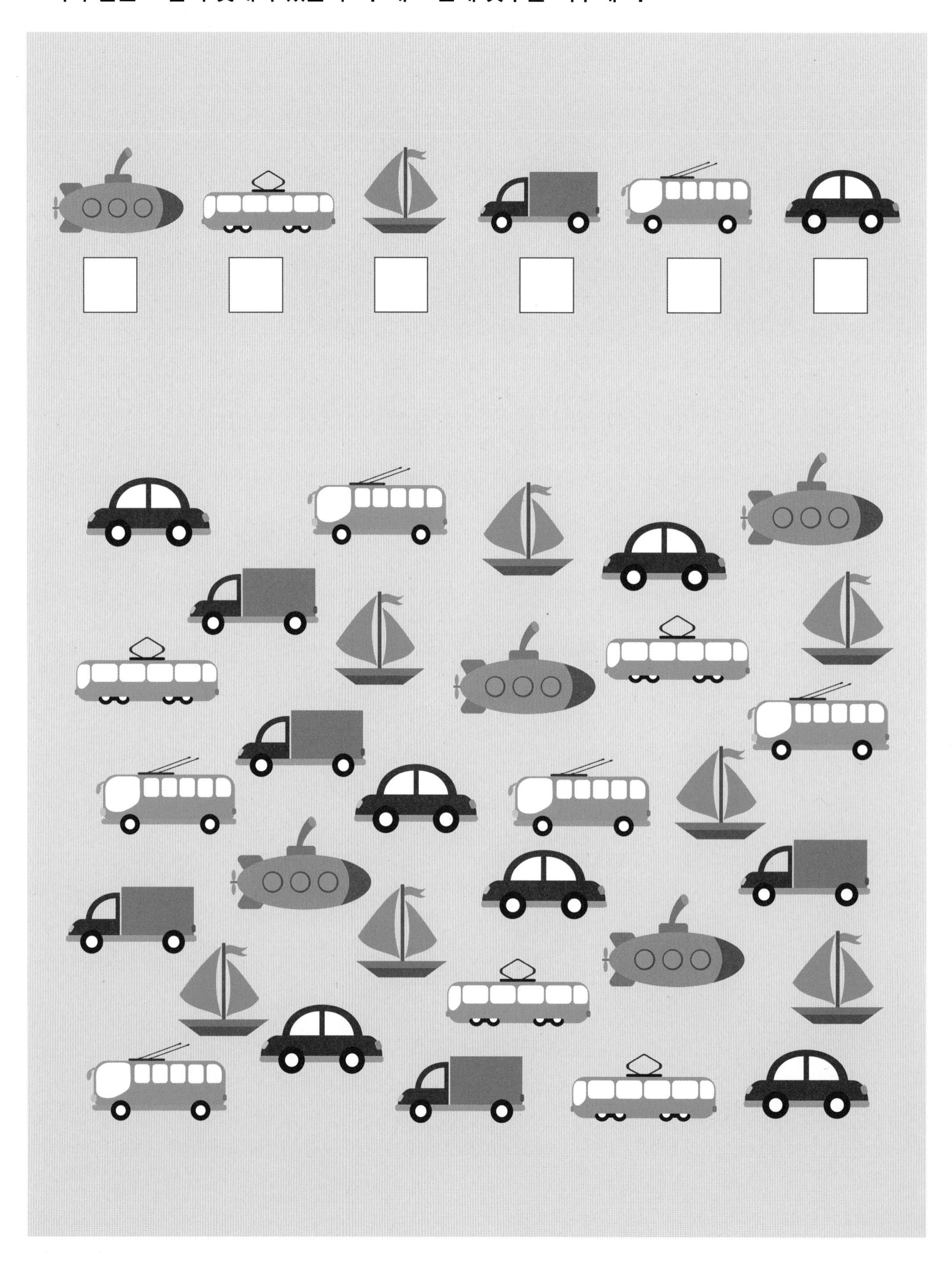

그림자를 찾아 주세요.

그림과 모양이 같은 그림자를 찾아 주세요.

미로 찾기

미로를 찾아 탈출하세요.

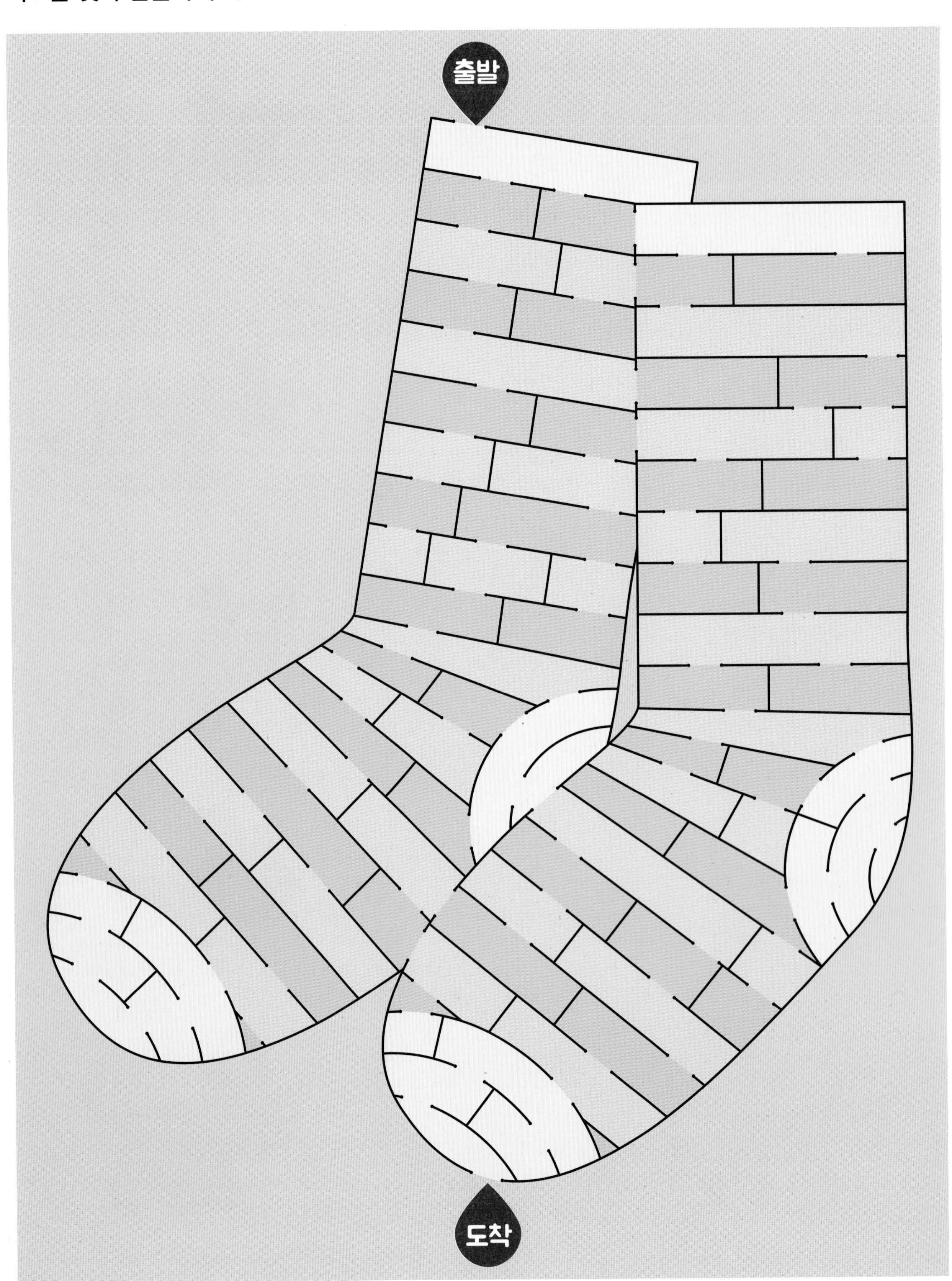

그림을 보고 계산해주세요.

그림을 더하거나 뺏을 때 나오는 값으로 그림의 값이 얼마인지 알아내고 물음에 답해 주세요.

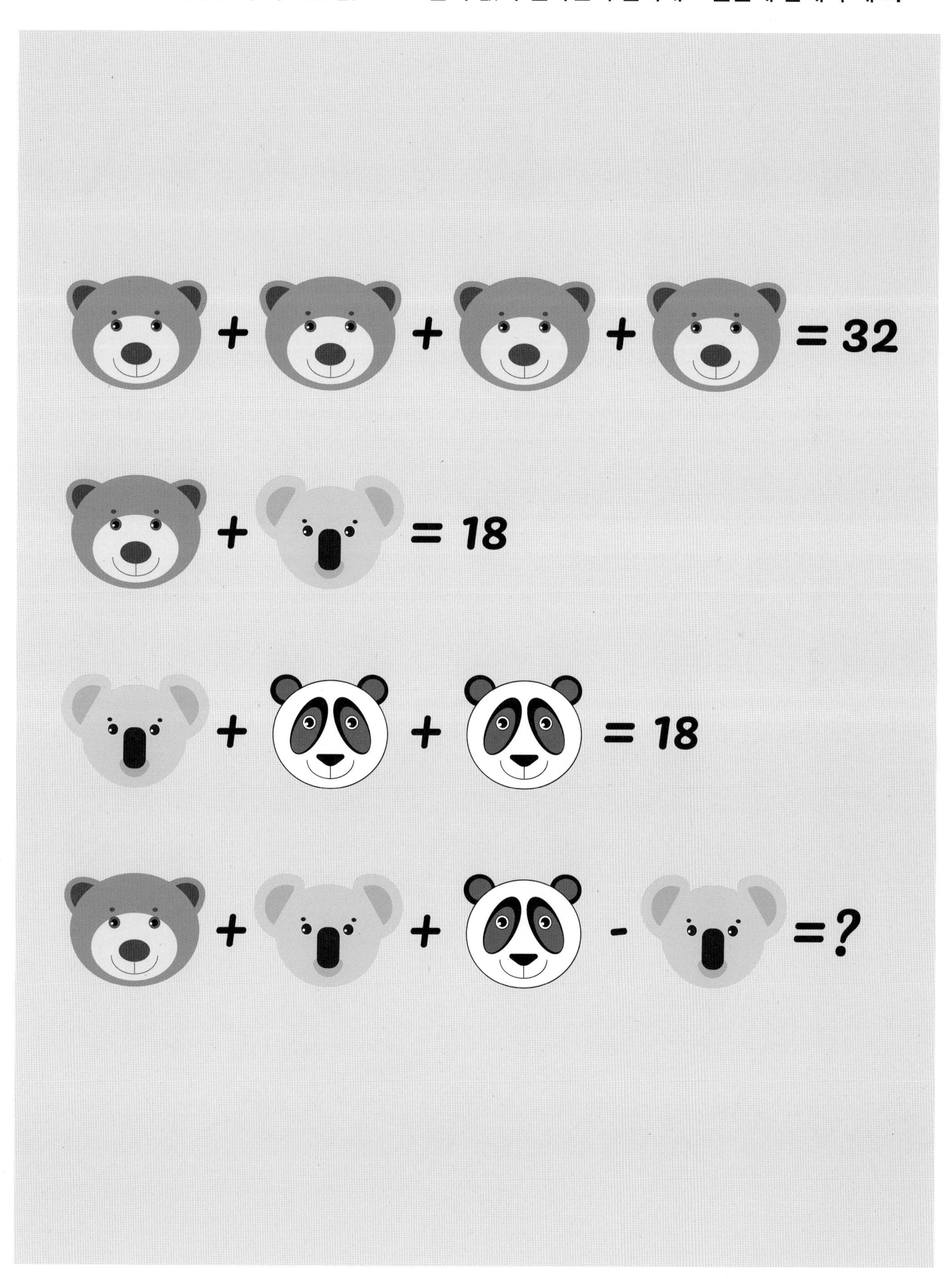

숨은 그림 찾기

숨어 있는 그림을 찾아 주세요.

다른 그림 찾기

위와 아래에 있는 그림을 자세히 살펴보세요. 다른 그림이 7개가 있습니다. 모두 찾아 주세요.

같은 그림 찾기

아래 5줄의 그림이 있습니다. 각 줄에 있는 4개의 그림 중 같은 모양의 그림을 찾아주세요.

미로 찾기

미로를 찾아 탈출하세요.

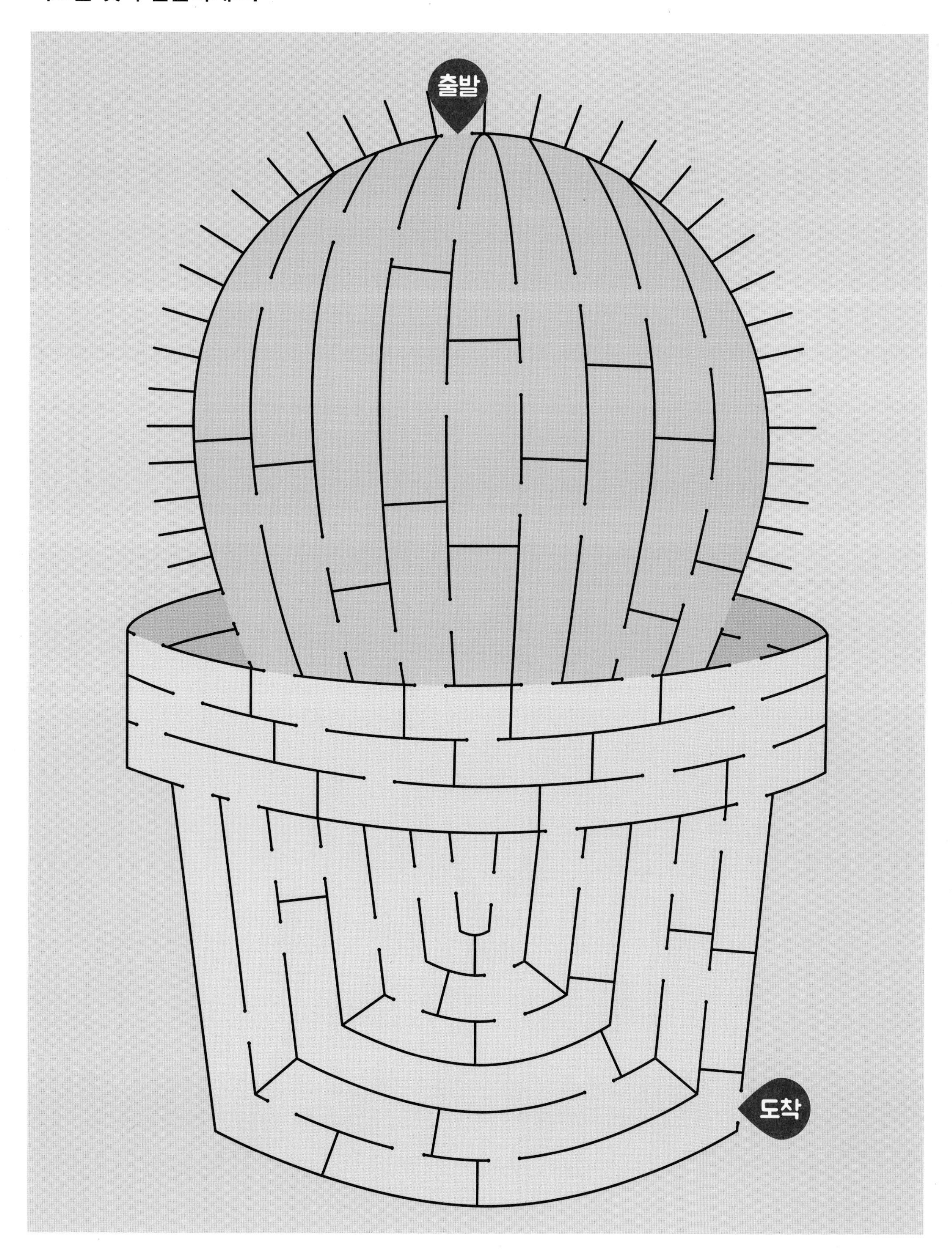

갯수 맞추기

보기와 같은 그림이 몇개나 있을까요? 네모 안에 갯수를 써주세요.

그림자를 찾아 주세요.

그림과 모양이 같은 그림자를 찾아 주세요.

미로 찾기

미로를 찾아 탈출하세요.

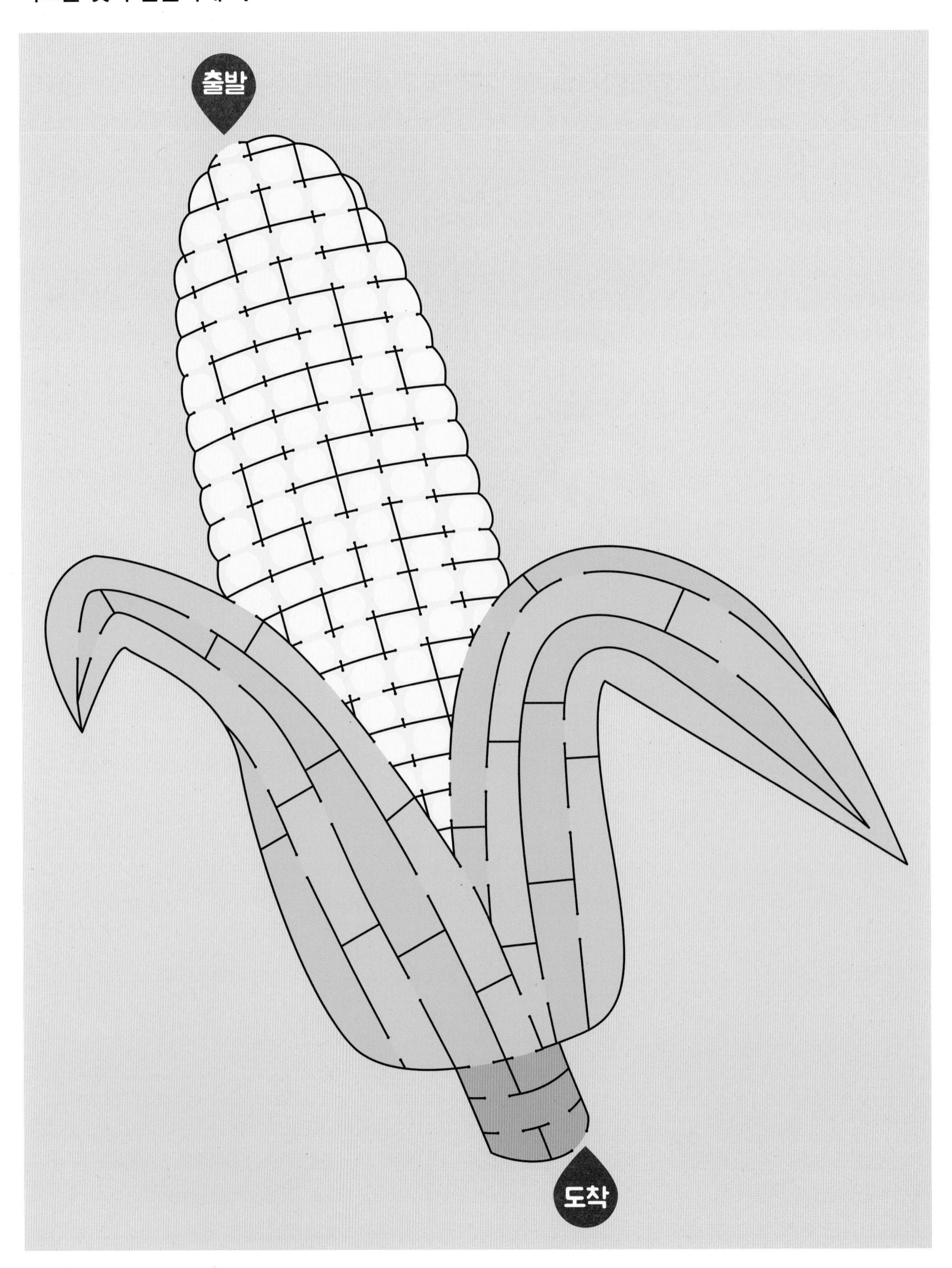

그림을 보고 계산해주세요.

그림을 더하거나 뺏을 때 나오는 값으로 그림의 값이 얼마인지 알아내고 물음에 답해 주세요.

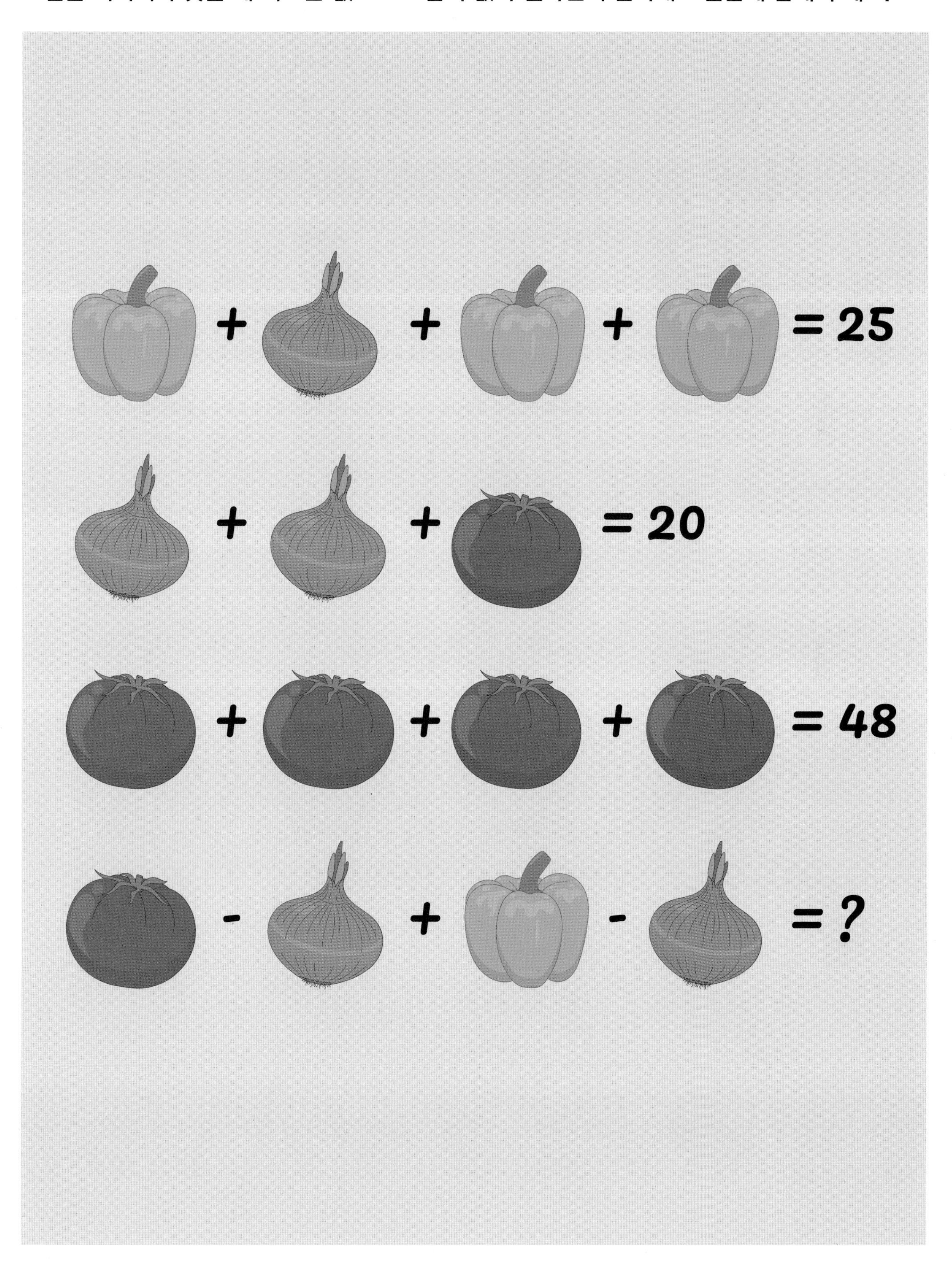

숨은 그림 찾기

숨어 있는 그림을 찾아 주세요.

다른 그림 찾기

위와 아래에 있는 그림을 자세히 살펴보세요. 다른 그림이 7개가 있습니다. 모두 찾아 주세요.

같은 그림 찾기

아래 5줄의 그림이 있습니다. 각 줄에 있는 4개의 그림 중 같은 모양의 그림을 찾아주세요.

미로 찾기

미로를 찾아 탈출하세요.

갯수 맞추기

보기와 같은 그림이 몇개나 있을까요? 네모 안에 갯수를 써주세요.

그림자를 찾아 주세요.

그림과 모양이 같은 그림자를 찾아 주세요.

미로 찾기

미로를 찾아 탈출하세요.

그림을 보고 계산해주세요.

그림을 더하거나 뺐을 때 나오는 값으로 그림의 값이 얼마인지 알아내고 물음에 답해 주세요.

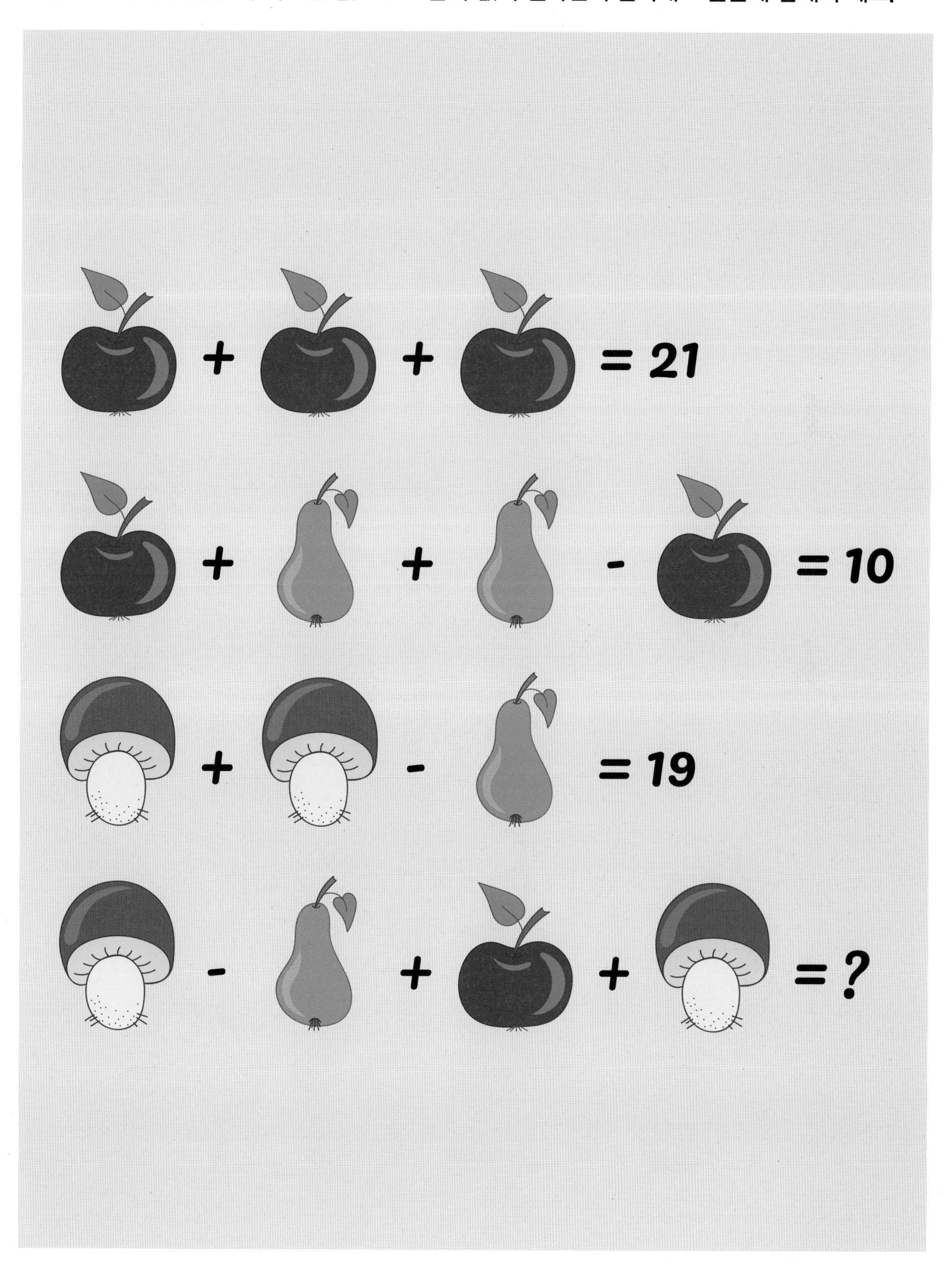

숨은 그림 찾기

숨어 있는 그림을 찾아 주세요.

다른 그림 찾기

위와 아래에 있는 그림을 자세히 살펴보세요. 다른 그림이 10개가 있습니다. 모두 찾아 주세요.

같은 그림 찾기

아래 5줄의 그림이 있습니다. 각 줄에 있는 4개의 그림 중 같은 모양의 그림을 찾아주세요.

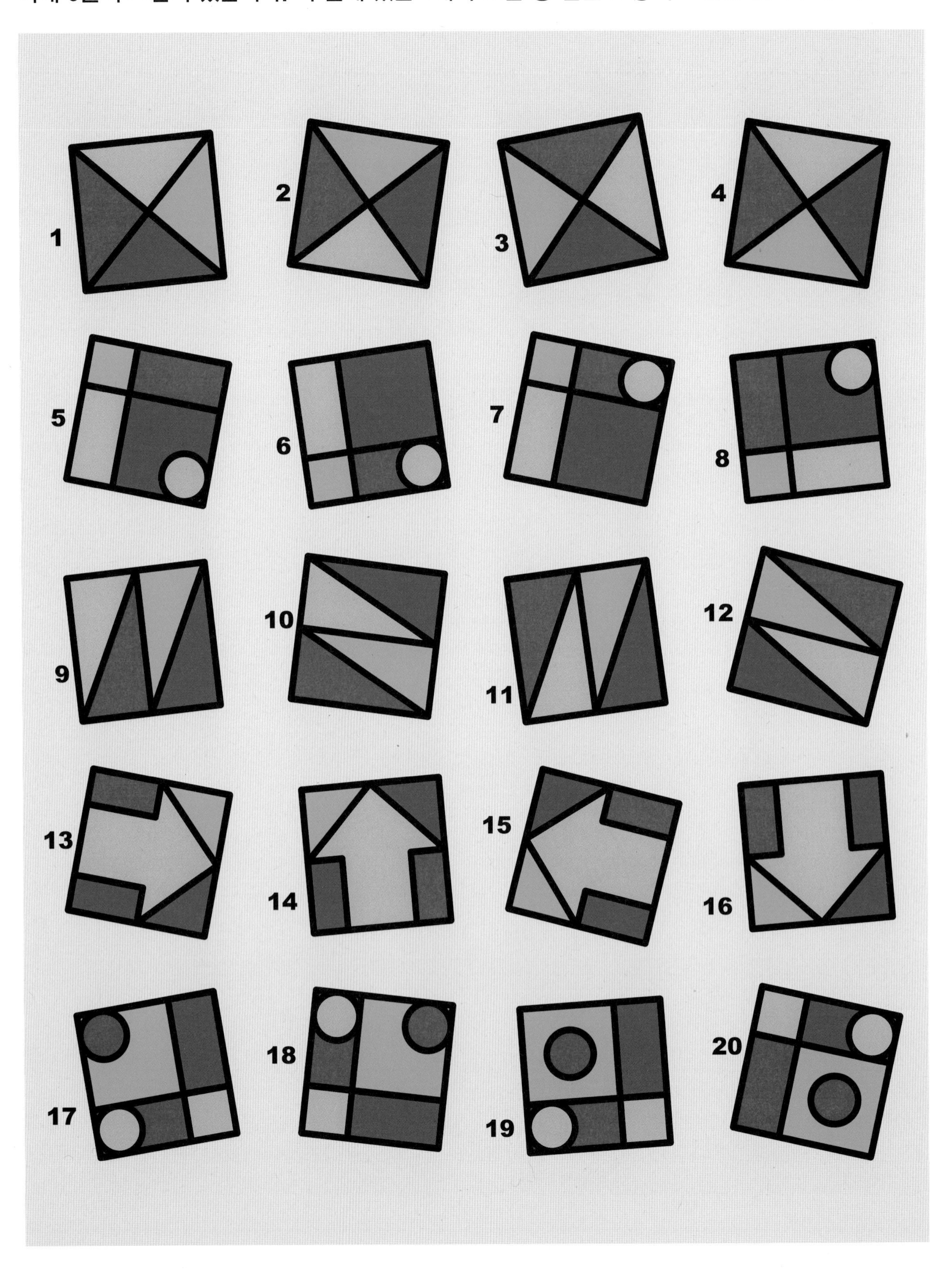

미로 찾기

미로를 찾아 탈출하세요.

갯수 맞추기

보기와 같은 그림이 몇개나 있을까요? 네모 안에 갯수를 써주세요.

그림자를 찾아 주세요.

그림과 모양이 같은 그림자를 찾아 주세요.

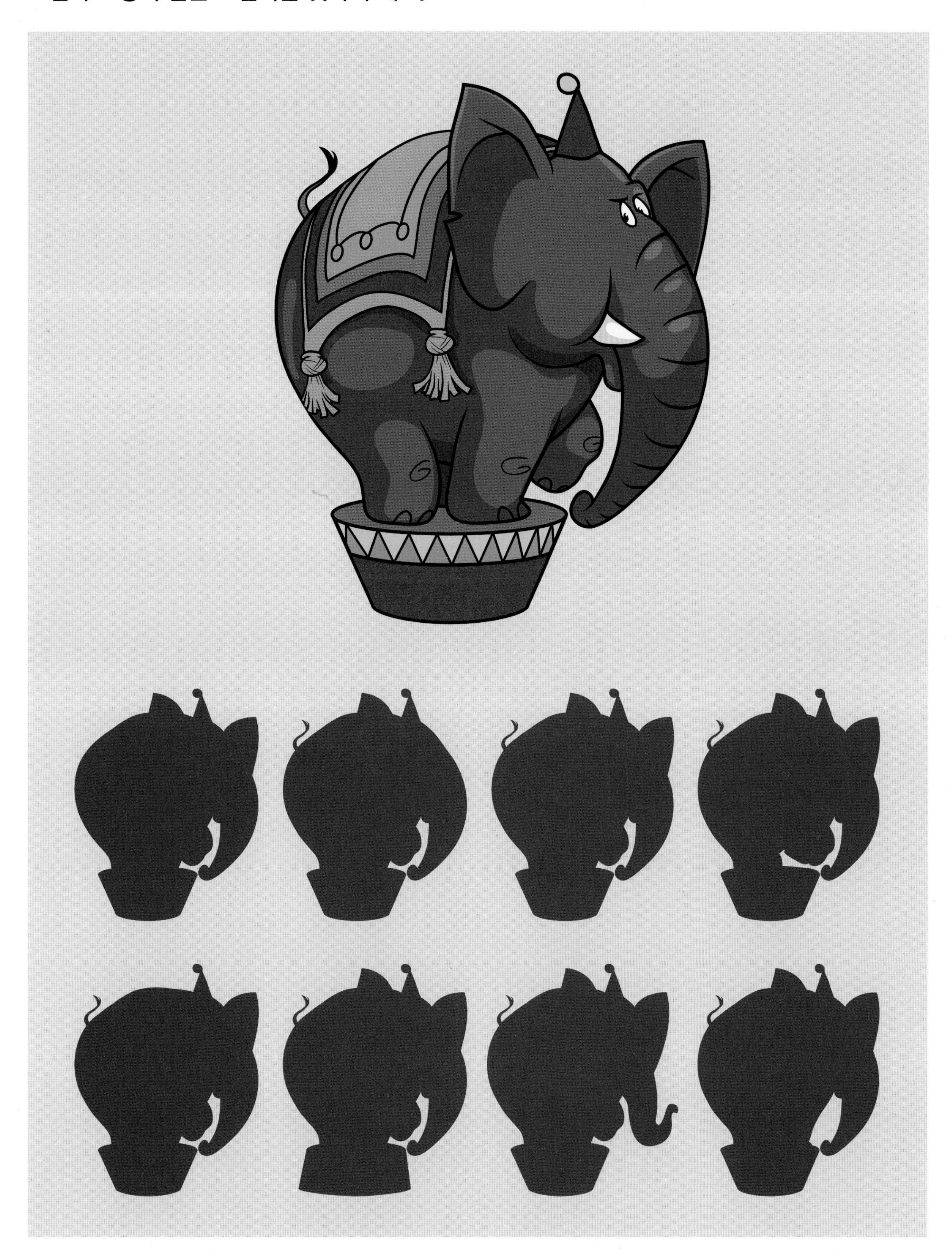

미로 찾기

미로를 찾아 탈출하세요.

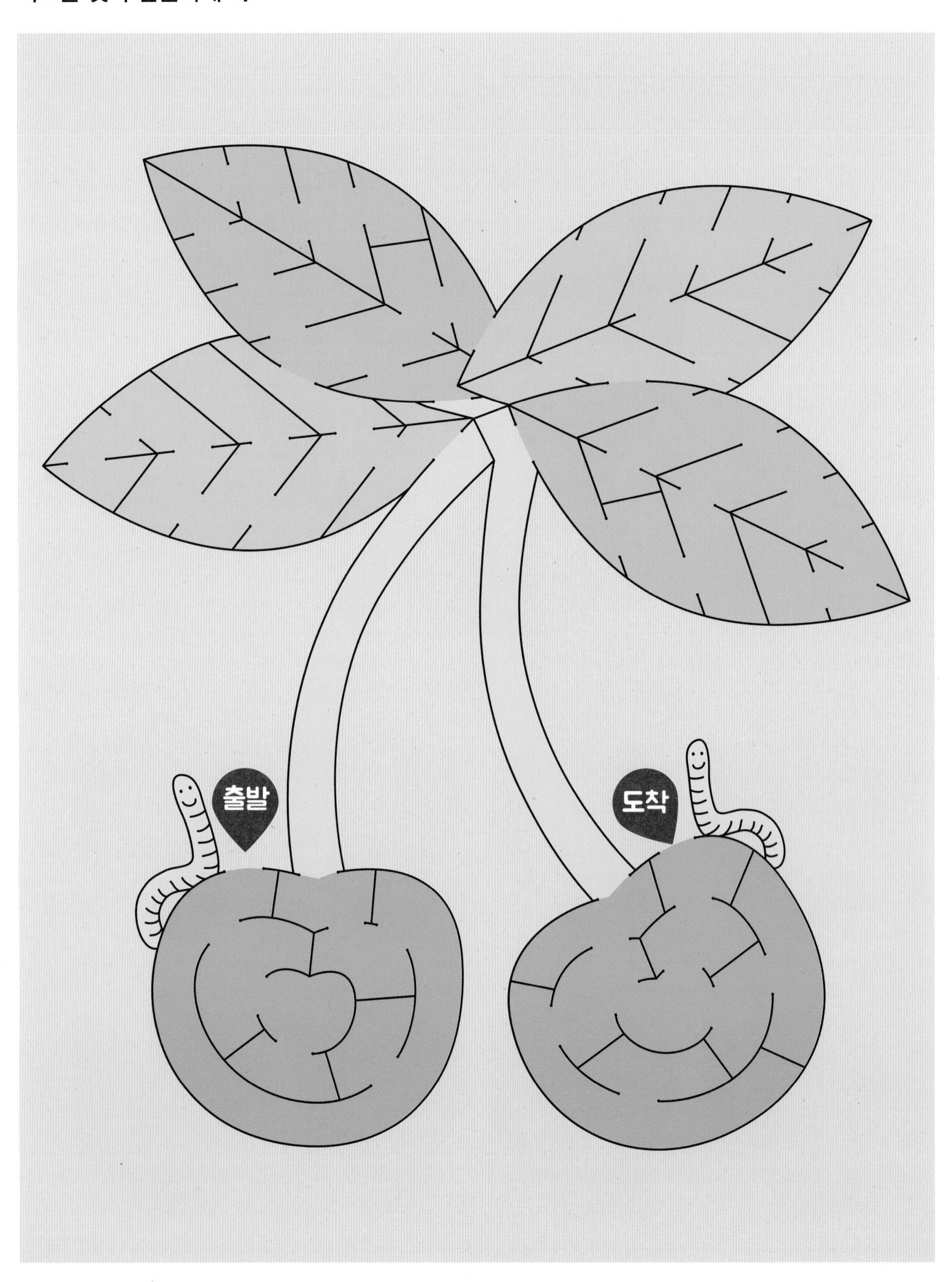

그림을 보고 계산해주세요.

그림을 더하거나 뺏을 때 나오는 값으로 그림의 값이 얼마인지 알아내고 물음에 답해 주세요.

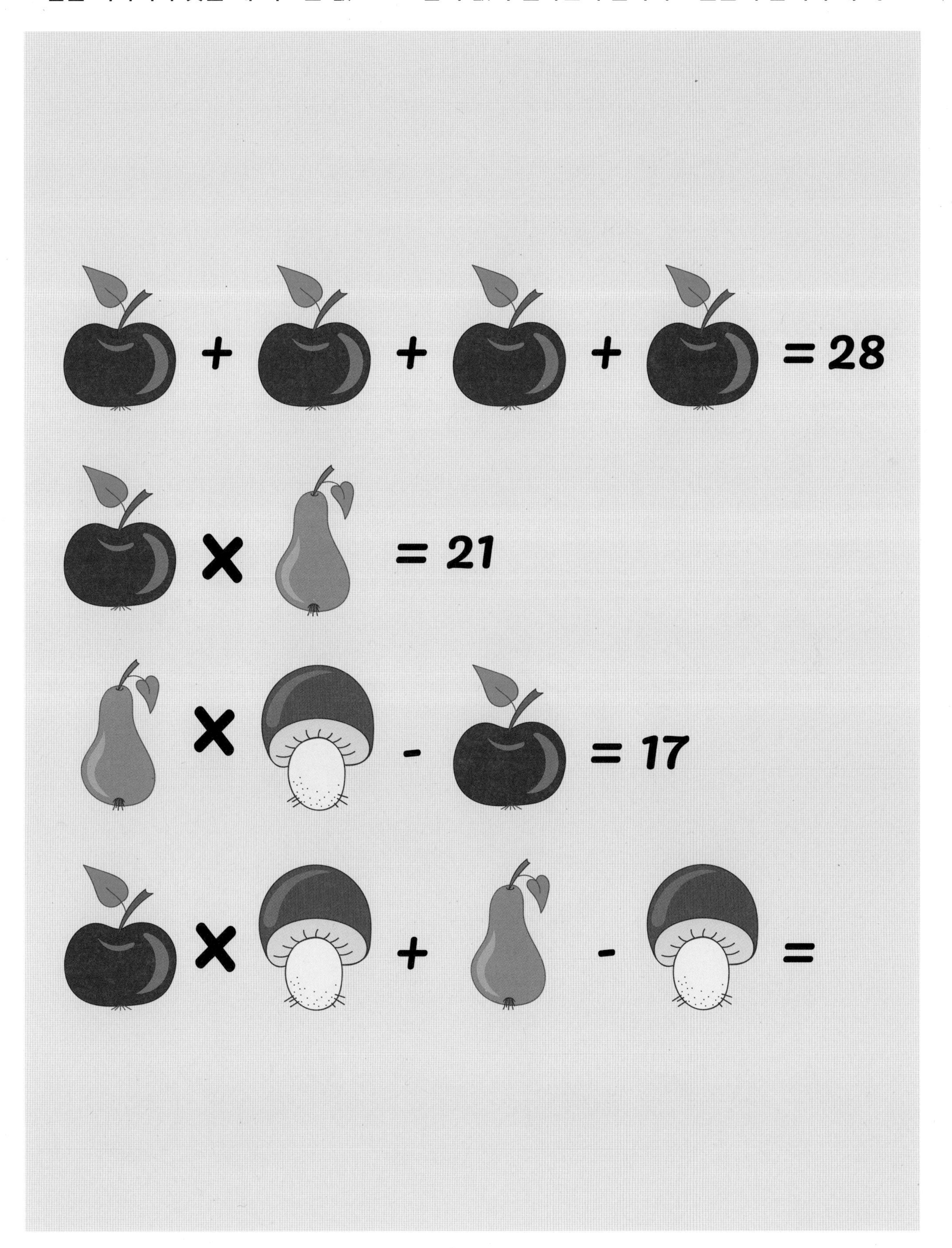

숨은 그림 찾기

숨어 있는 그림을 찾아 주세요.

다른 그림 찾기

위와 아래에 있는 그림을 자세히 살펴보세요. 다른 그림이 7개가 있습니다. 모두 찾아 주세요.

같은 그림 찾기

다음 그림 중에 같은 그림 2개를 찾아주세요.

미로 찾기

미로를 찾아 탈출하세요.

갯수 맞추기

보기와 같은 그림이 몇개나 있을까요? 네모 안에 갯수를 써주세요.

그림자를 찾아 주세요.

그림과 모양이 같은 그림자를 찾아 주세요.

미로 찾기

미로를 찾아 탈출하세요.

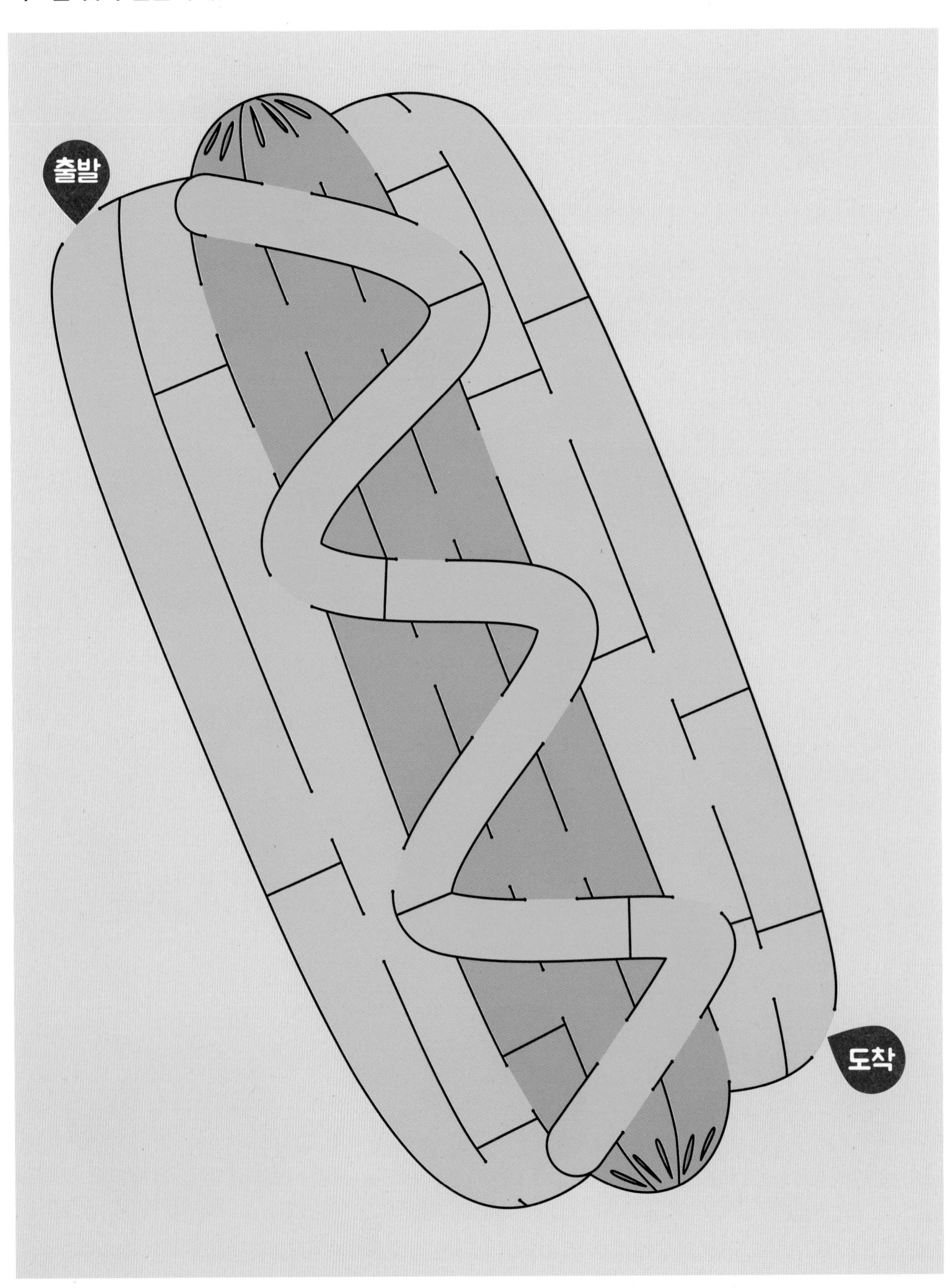

그림을 보고 계산해주세요.

저울에 올라간 물건의 합을 보고 물건의 무게가 얼마인지 알아내서 문제를 풀어 주세요.

숨은 그림 찾기

숨어 있는 그림을 찾아 주세요.

다른 그림 찾기

위와 아래에 있는 그림을 자세히 살펴보세요. 다른 그림이 7개가 있습니다. 모두 찾아 주세요.

같은 그림 찾기

다음 그림 중에 같은 그림 2개를 찾아주세요.

미로 찾기

미로를 찾아 탈출하세요.

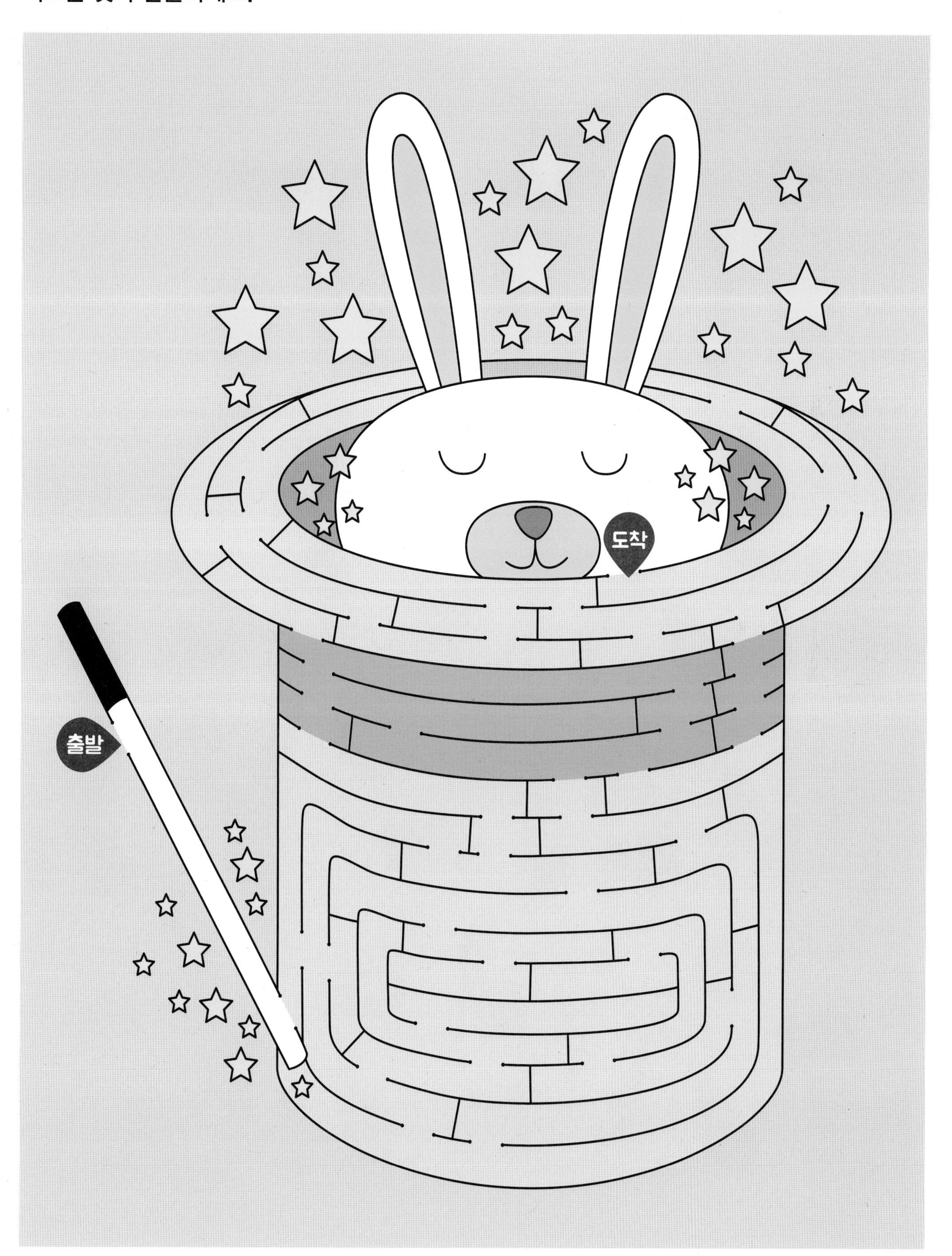

갯수 맞추기

보기와 같은 그림이 몇개나 있을까요? 네모 안에 갯수를 써주세요.

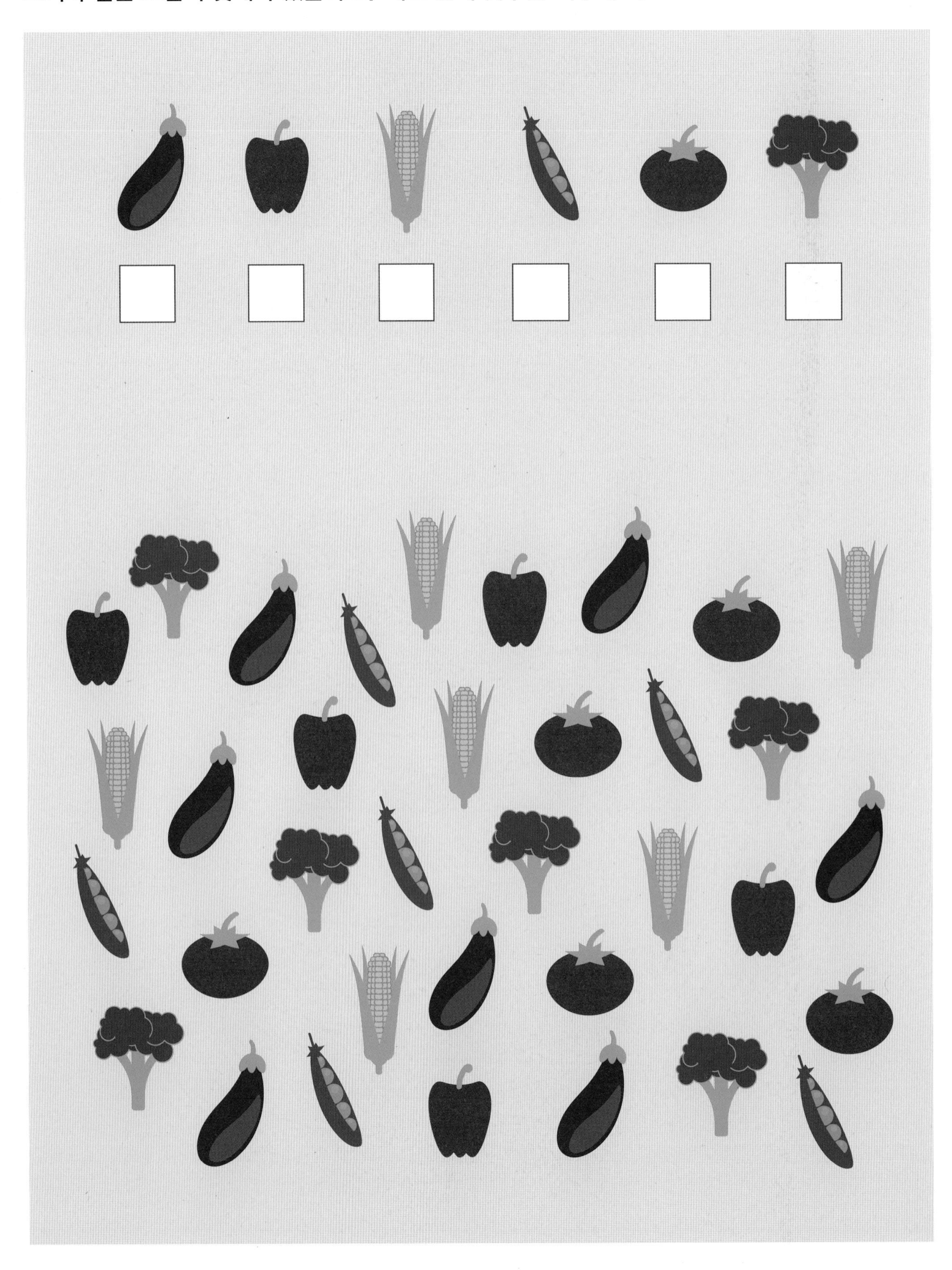

그림자를 찾아 주세요.

그림과 모양이 같은 그림자를 찾아 주세요.

미로 찾기

미로를 찾아 탈출하세요.

그림을 보고 계산해주세요.

그림을 더하거나 뺐을 때 나오는 값으로 그림의 값이 얼마인지 알아내고 물음에 답해 주세요.

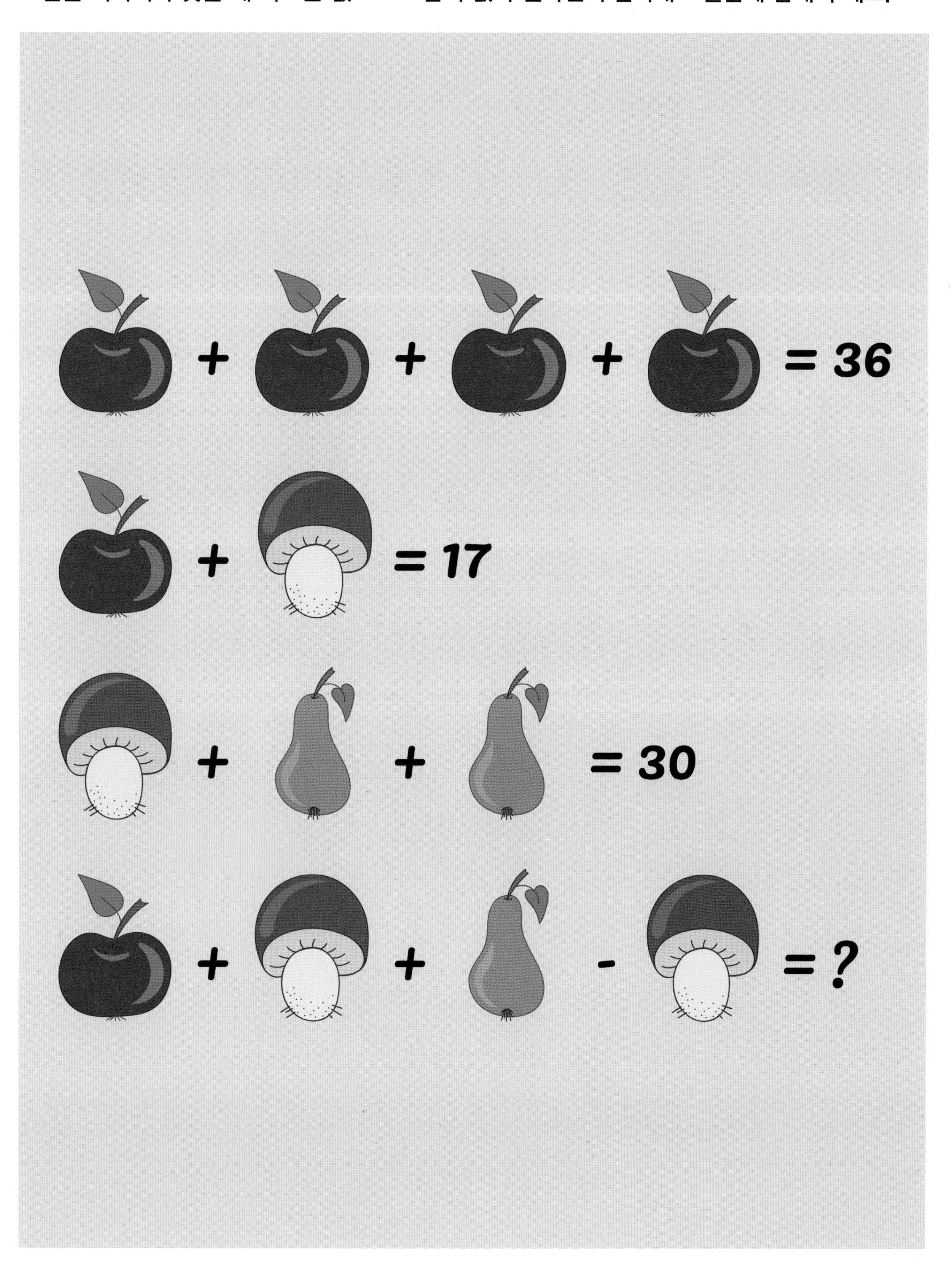

숨은 그림 찾기

숨어 있는 그림을 찾아 주세요.

다른 그림 찾기

위와 아래에 있는 그림을 자세히 살펴보세요. 다른 그림이 7개가 있습니다. 모두 찾아 주세요.

같은 그림 찾기

아래의 꽃병 중에는 같은 꽃병이 3쌍이 있습니다. 모두 찾아주세요.

미로 찾기

미로를 찾아 탈출하세요.

갯수 맞추기

보기와 같은 그림이 몇개나 있을까요? 네모 안에 갯수를 써주세요.

그림자를 찾아 주세요.

그림과 모양이 같은 그림자를 찾아 주세요.

미로 찾기

미로를 찾아 탈출하세요.

그림을 보고 계산해주세요.

저울에 올라간 물건의 합을 보고 물건의 무게가 얼마인지 알아내서 문제를 풀어 주세요.

숨은 그림 찾기

숨어 있는 그림을 찾아 주세요.

다른 그림 찾기

위와 아래에 있는 그림을 자세히 살펴보세요. 다른 그림이 7개가 있습니다. 모두 찾아 주세요.

같은 그림 찾기

다음 그림 중에 같은 그림 2개를 찾아주세요.

미로 찾기

미로를 찾아 탈출하세요.

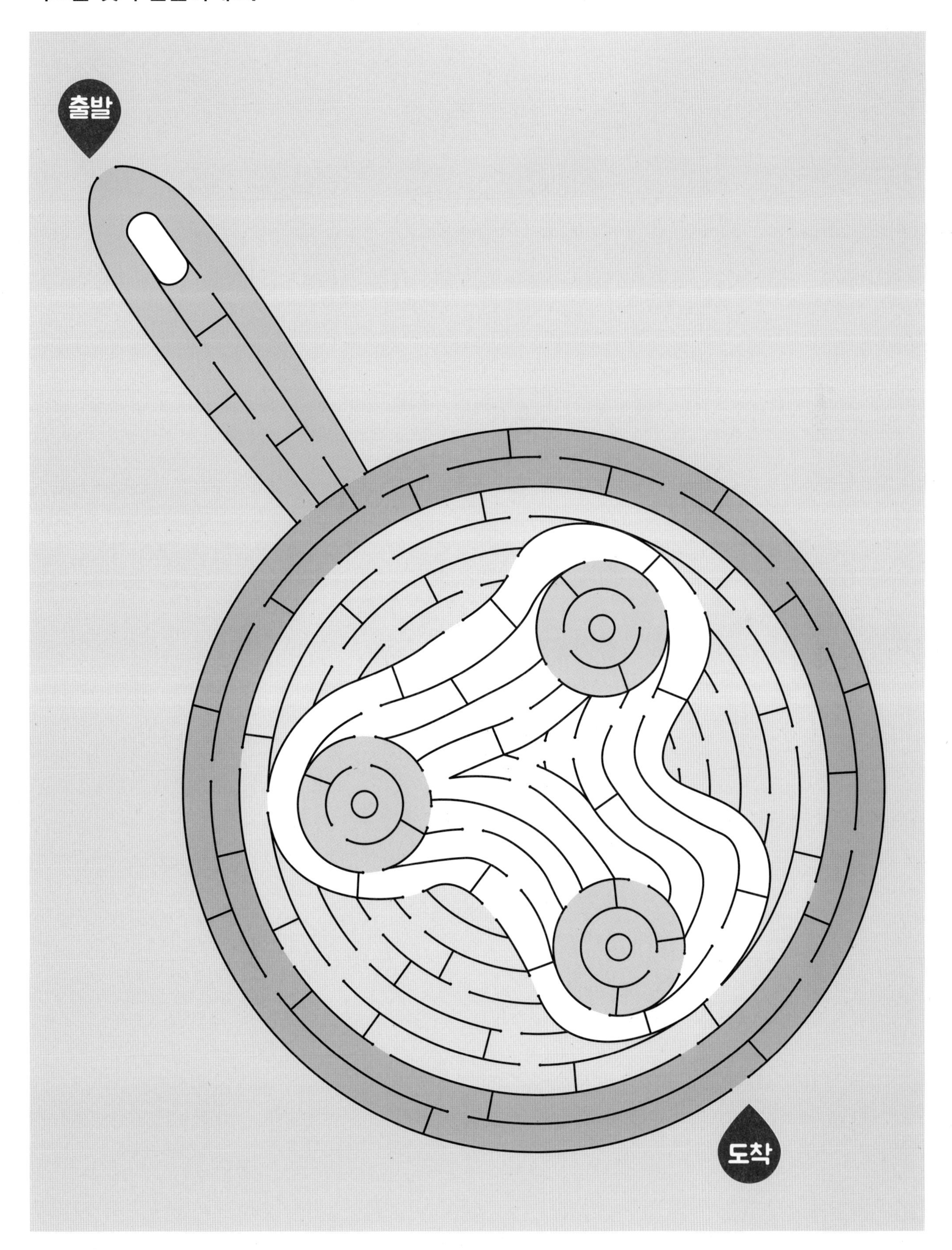

갯수 맞추기

보기와 같은 그림이 몇개나 있을까요? 네모 안에 갯수를 써주세요.

그림자를 찾아 주세요.

그림과 모양이 같은 그림자를 찾아 주세요.

미로 찾기

미로를 찾아 탈출하세요.

그림을 보고 계산해주세요.

그림을 더하거나 뺐을 때 나오는 값으로 그림의 값이 얼마인지 알아내고 물음에 답해 주세요.

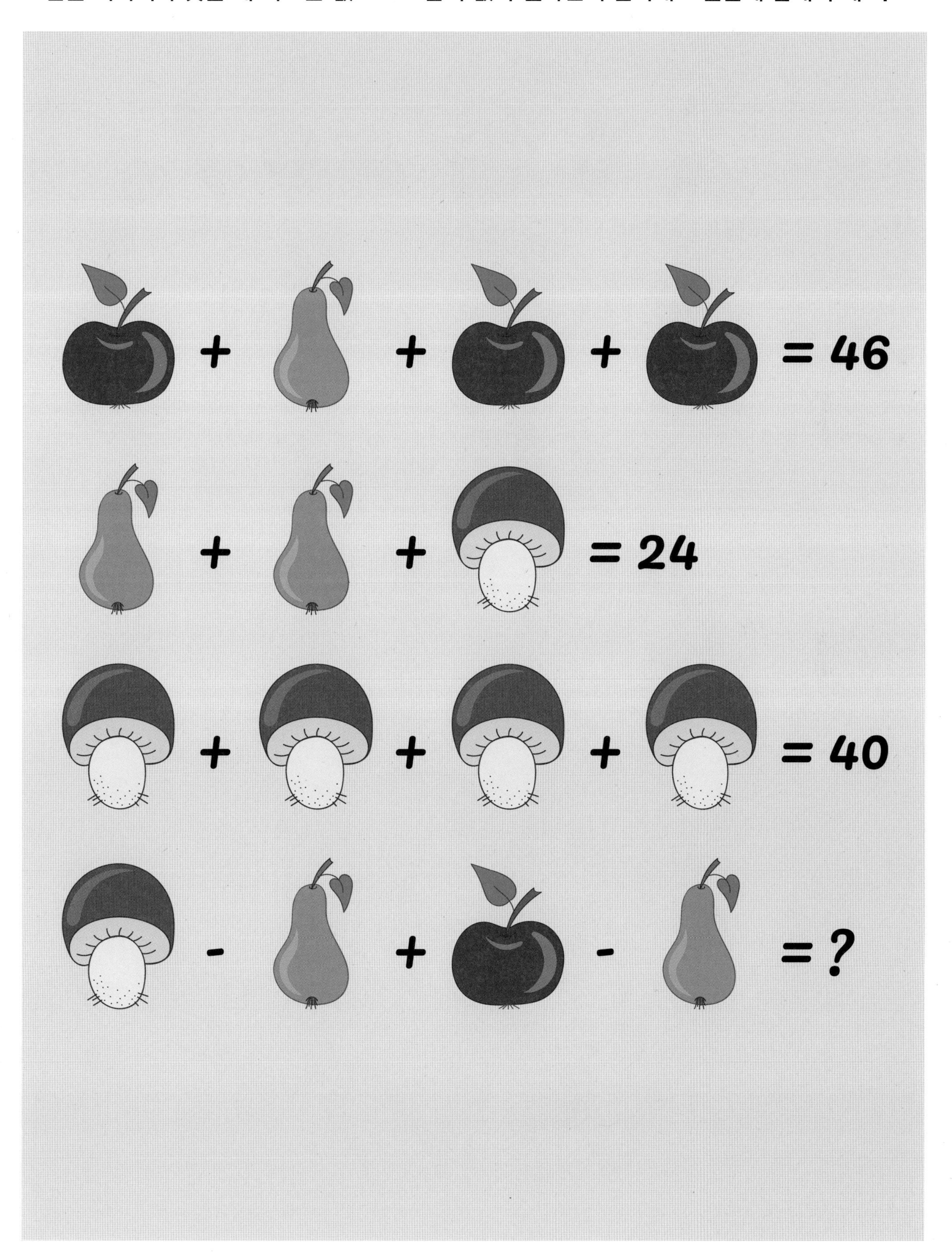

숨은 그림 찾기

숨어 있는 그림을 찾아 주세요.

다른 그림 찾기

위와 아래에 있는 그림을 자세히 살펴보세요. 다른 그림이 7개가 있습니다. 모두 찾아 주세요.

같은 그림 찾기

다음 그림 중에 같은 그림 2개를 찾아주세요.

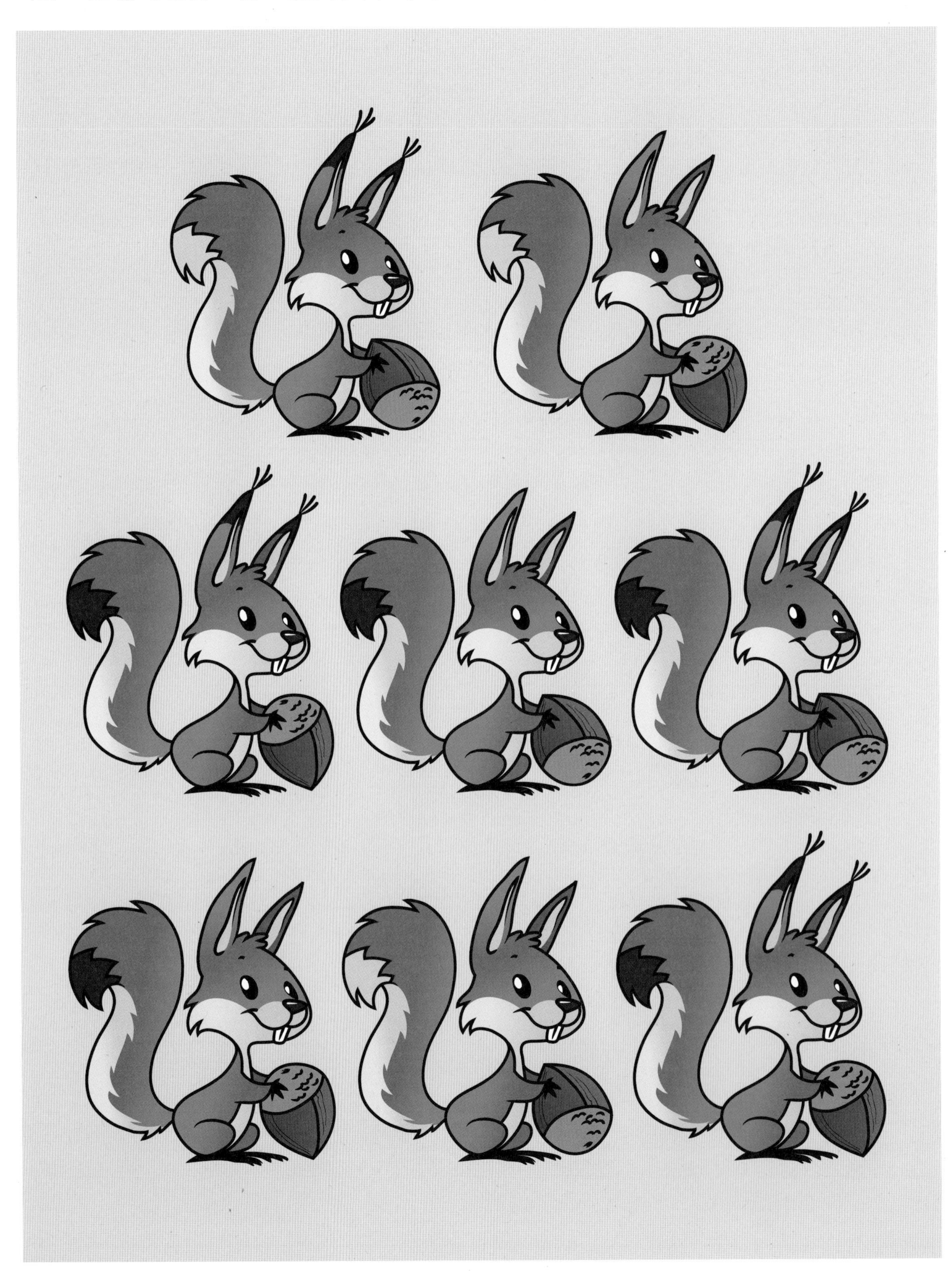

미로 찾기

미로를 찾아 탈출하세요.

갯수 맞추기

보기와 같은 그림이 몇개나 있을까요? 네모 안에 갯수를 써주세요.

그림자를 찾아 주세요.

그림과 모양이 같은 그림자를 찾아 주세요.

미로 찾기

미로를 찾아 탈출하세요.

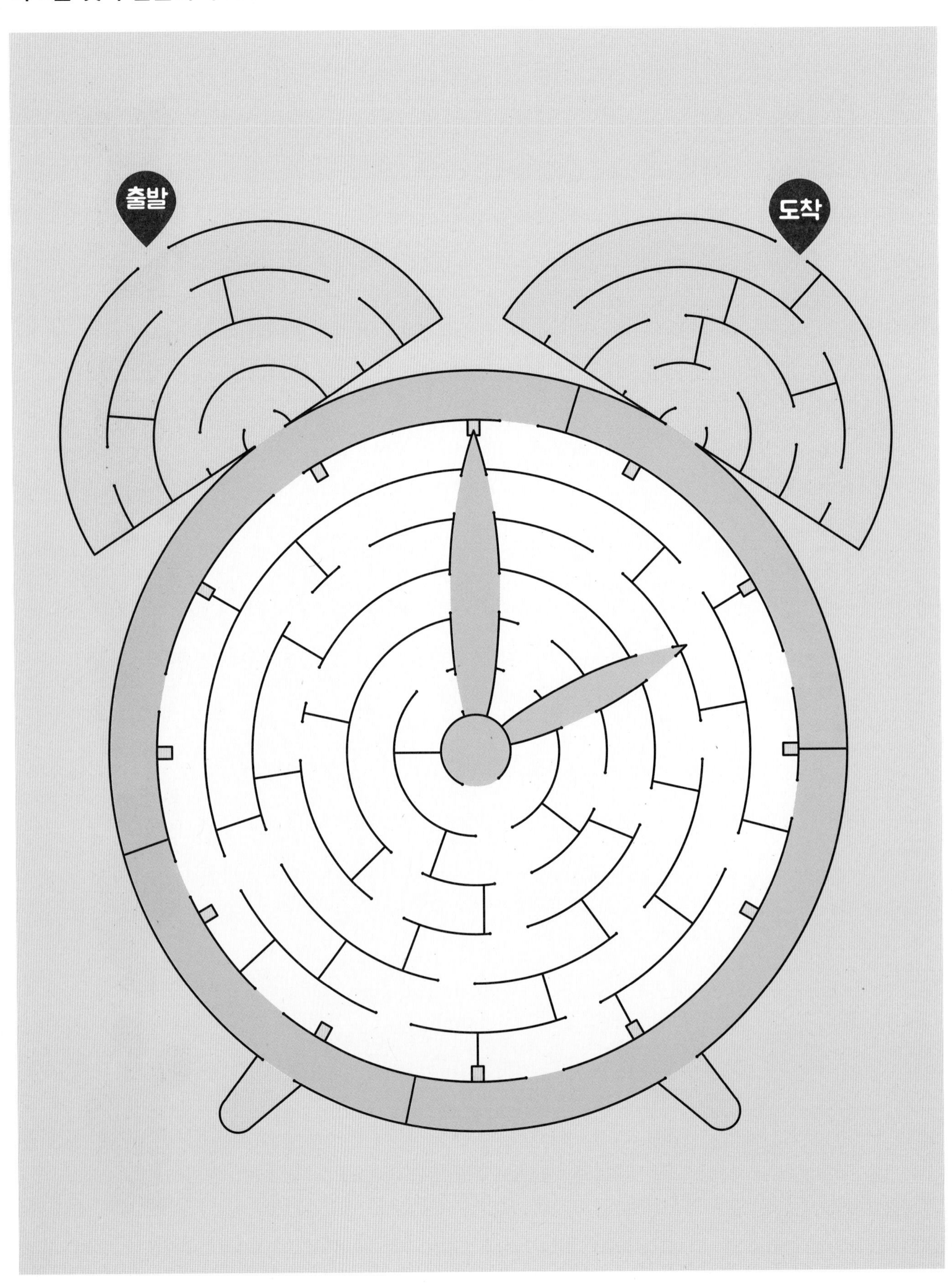

그림을 보고 계산해주세요.

그림을 더하거나 뺐을 때 나오는 값으로 그림의 값이 얼마인지 알아내고 물음에 답해 주세요.

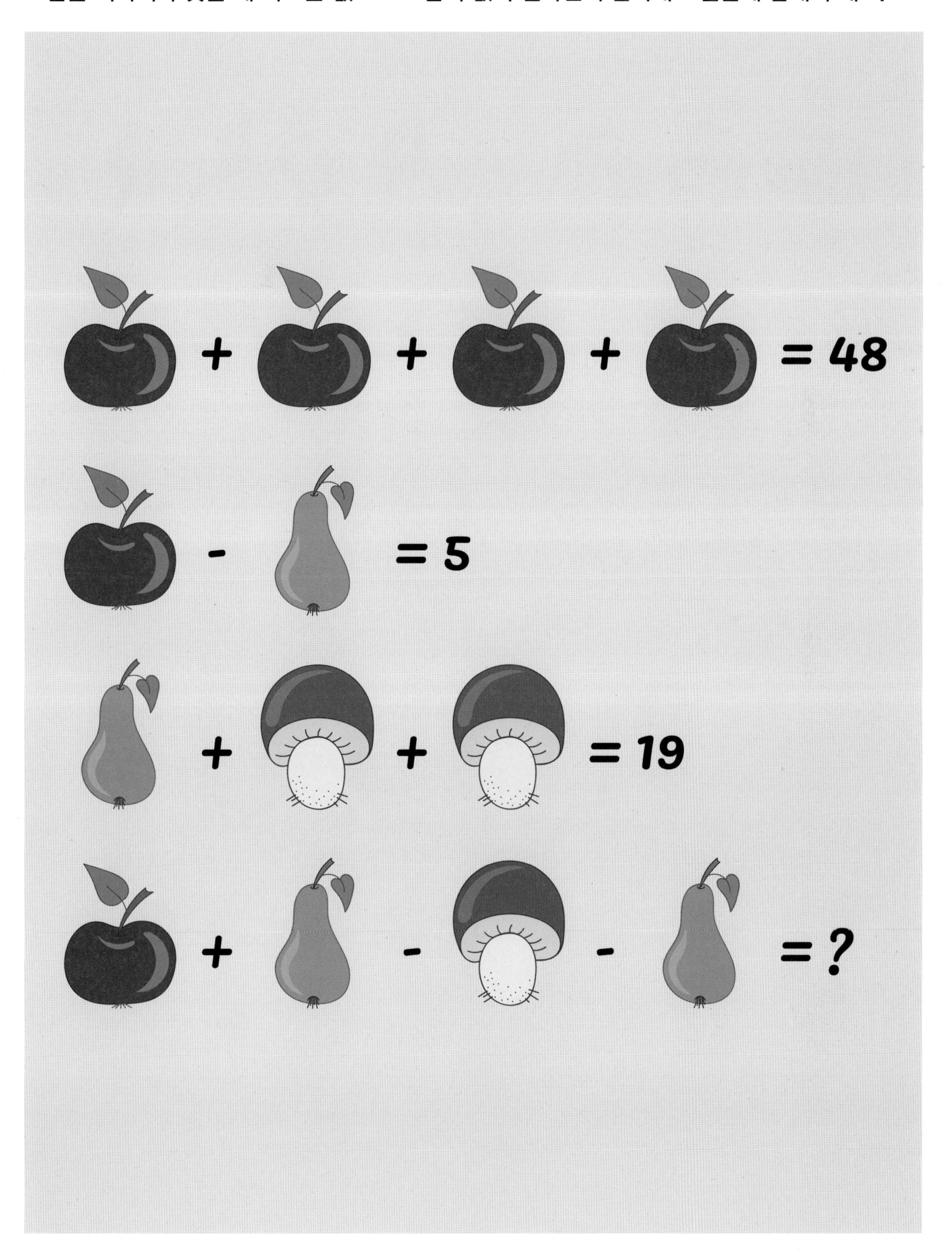

숨은 그림 찾기

숨어 있는 그림을 찾아 주세요.

다른 그림 찾기

위와 아래에 있는 그림을 자세히 살펴보세요. 다른 그림이 10개가 있습니다. 모두 찾아 주세요.

같은 그림 찾기

다음 그림 중에 같은 그림 2개를 찾아주세요.

미로 찾기

미로를 찾아 탈출하세요.

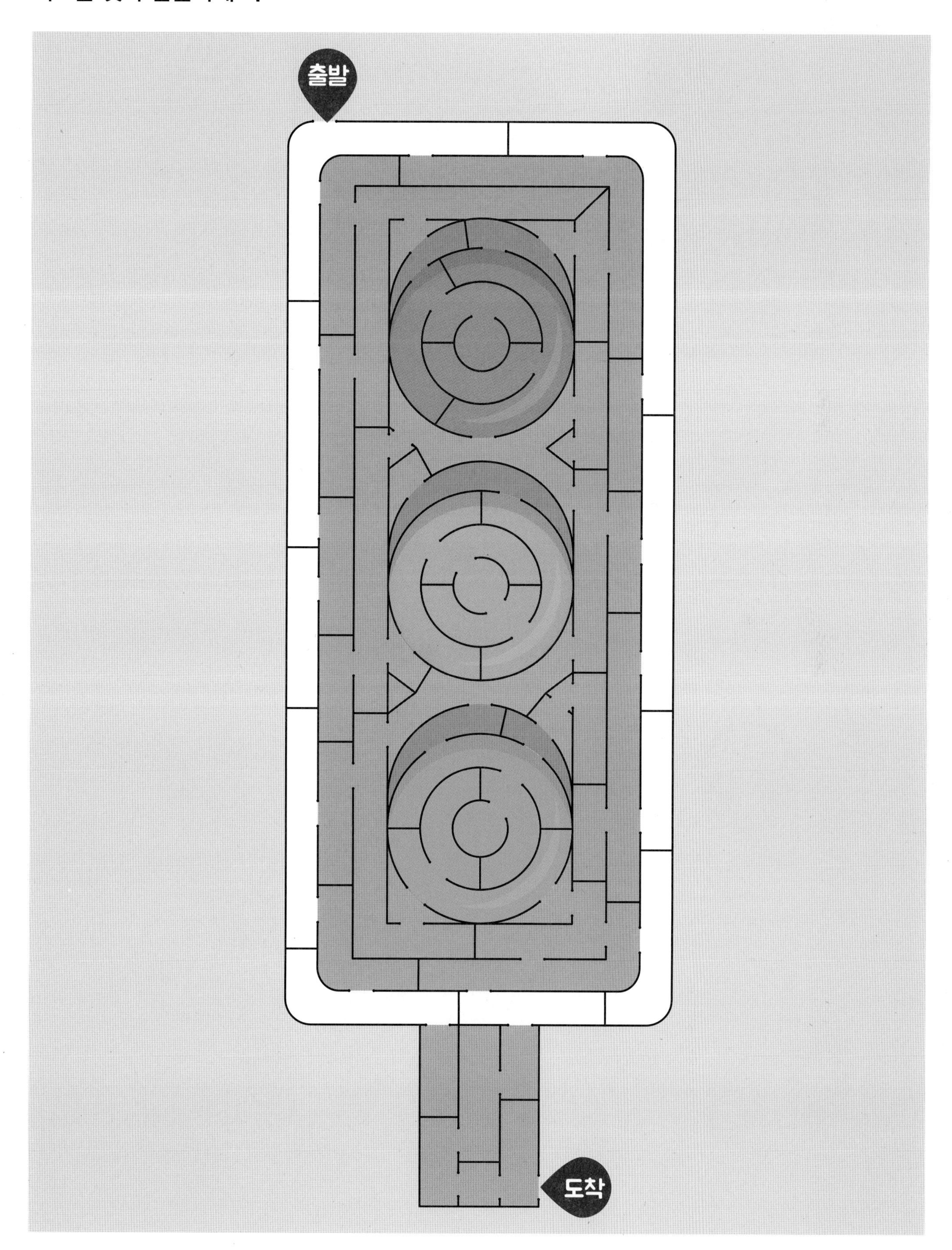

갯수 맞추기

보기와 같은 그림이 몇개나 있을까요? 네모 안에 갯수를 써주세요.

그림자를 찾아 주세요.

그림과 모양이 같은 그림자를 찾아 주세요.

미로 찾기

미로를 찾아 탈출하세요.

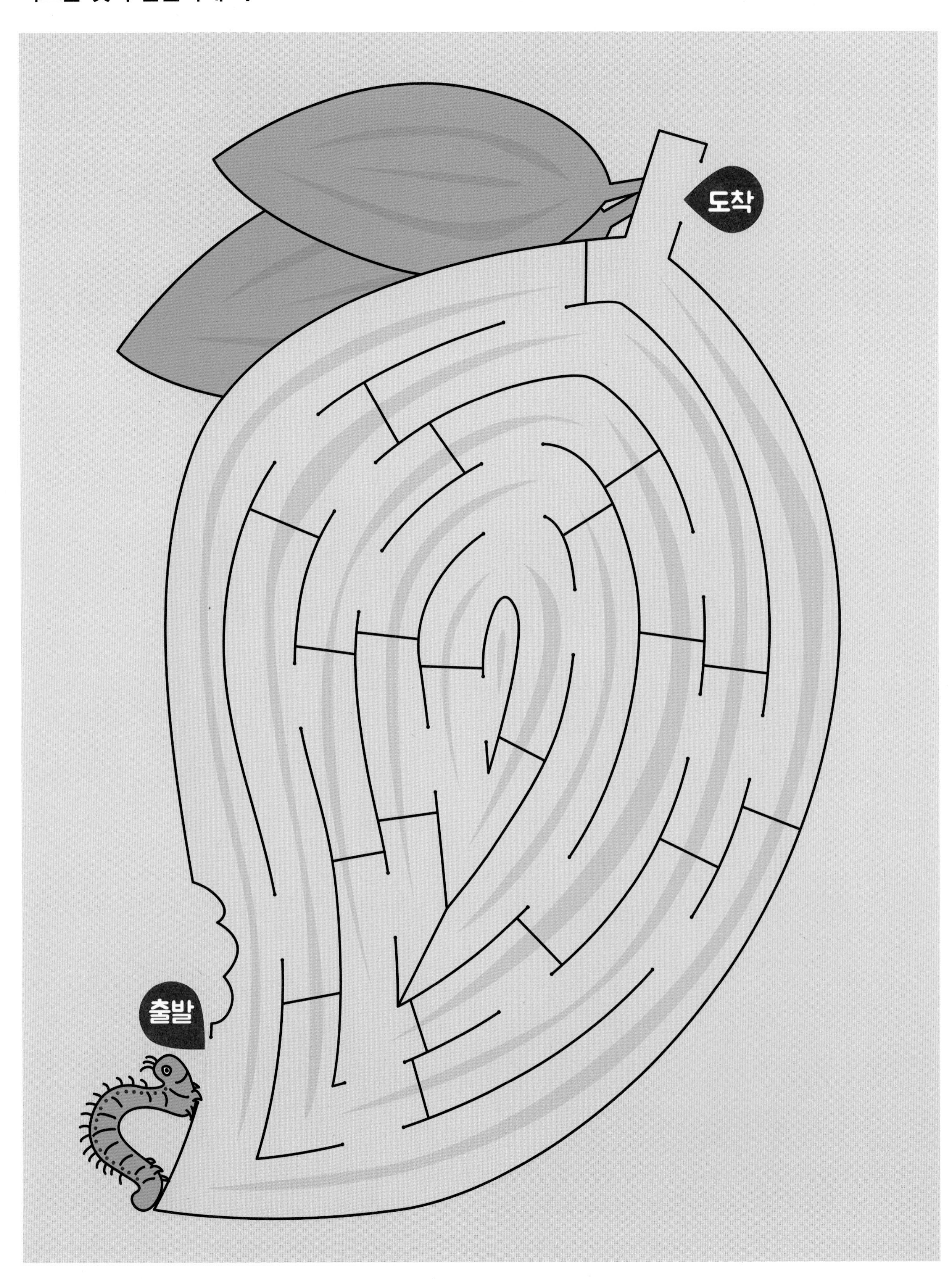

그림을 보고 계산해주세요.

그림을 더하거나 뺐을 때 나오는 값으로 그림의 값이 얼마인지 알아내고 물음에 답해 주세요.

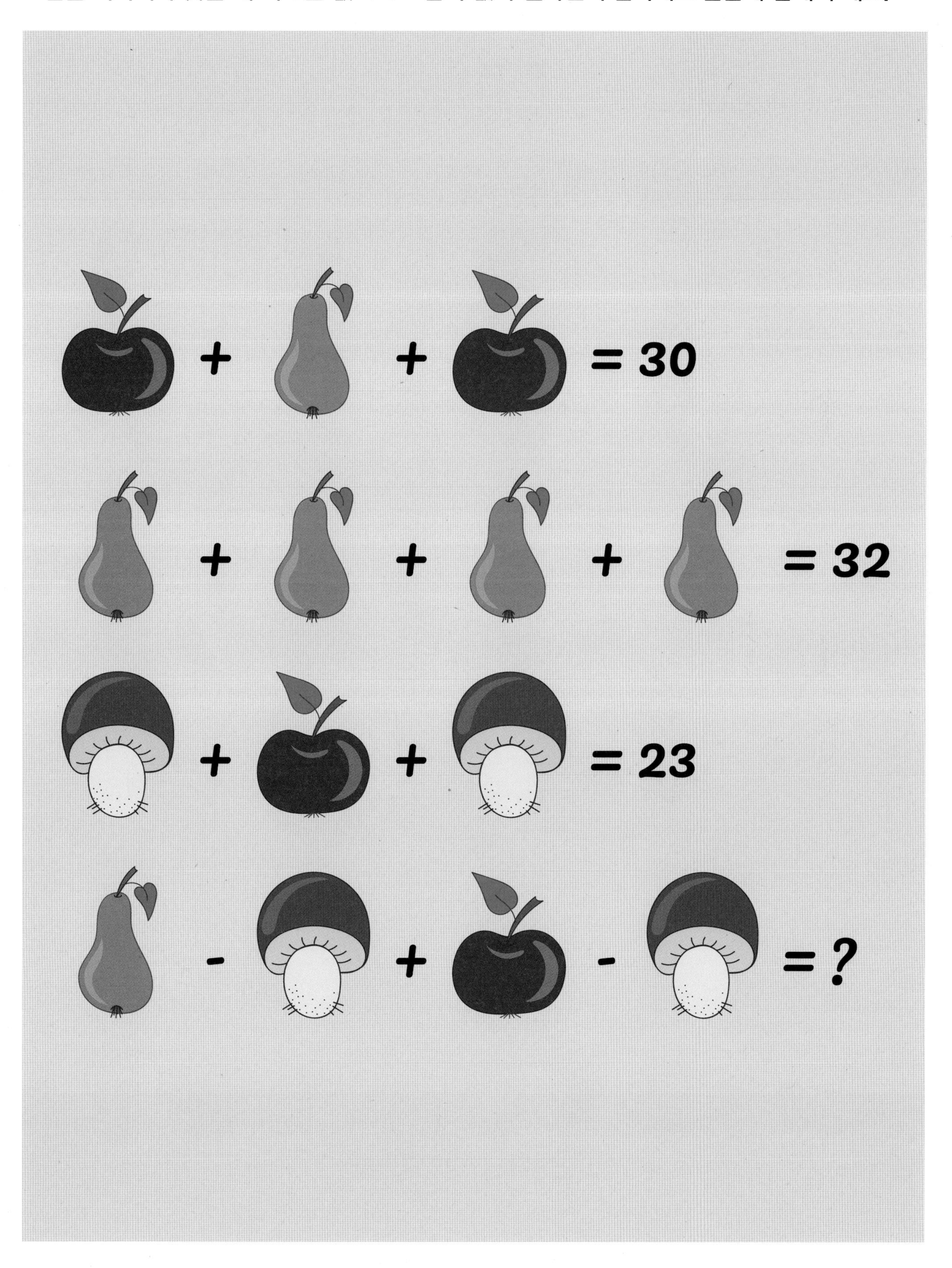

숨은 그림 찾기

숨어 있는 그림을 찾아 주세요.

다른 그림 찾기

위와 아래에 있는 그림을 자세히 살펴보세요. 다른 그림이 10개가 있습니다. 모두 찾아 주세요.

같은 그림 찾기

다음 그림 중에 같은 그림 2개를 찾아주세요.

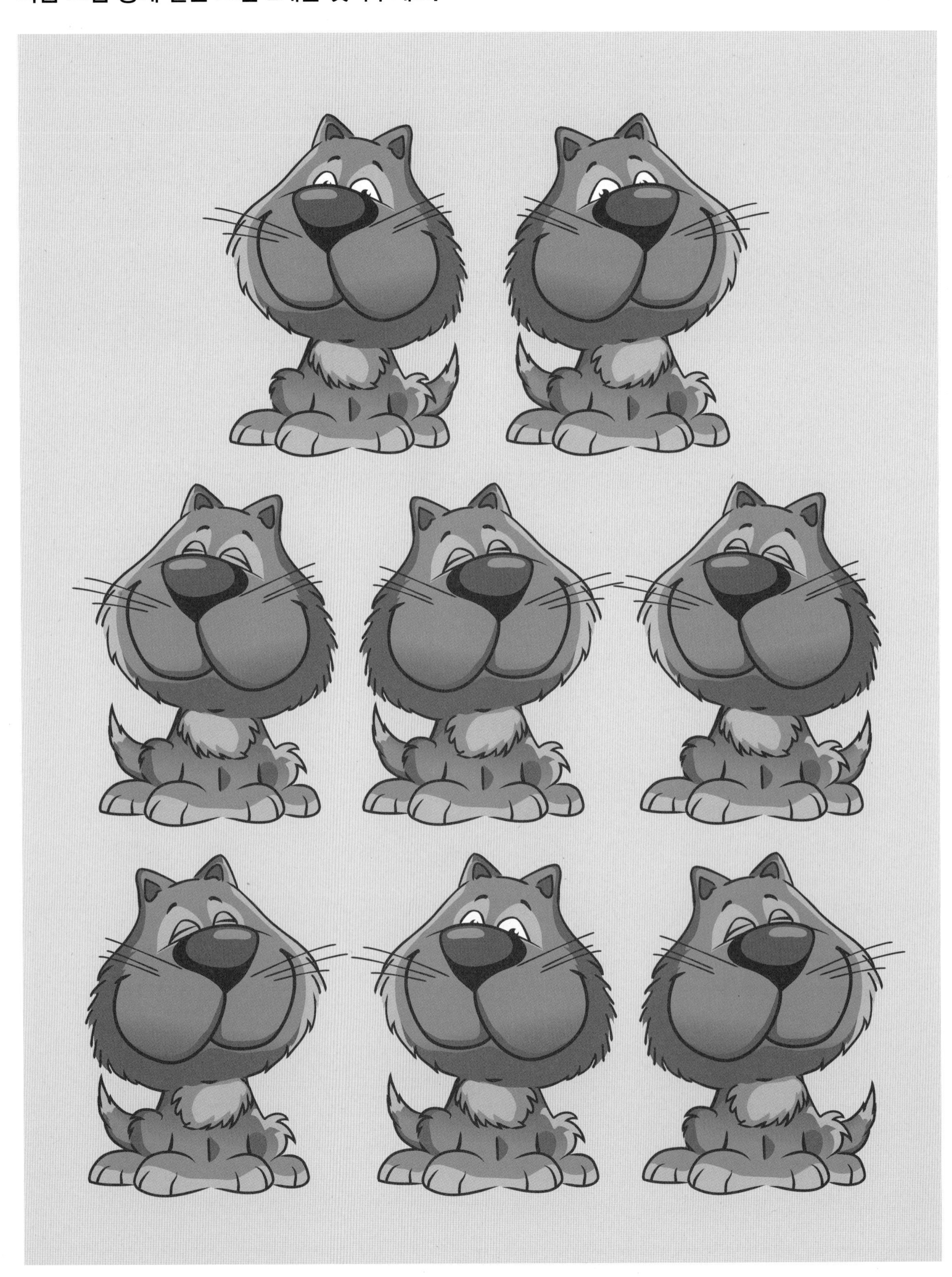

미로 찾기

미로를 찾아 탈출하세요.

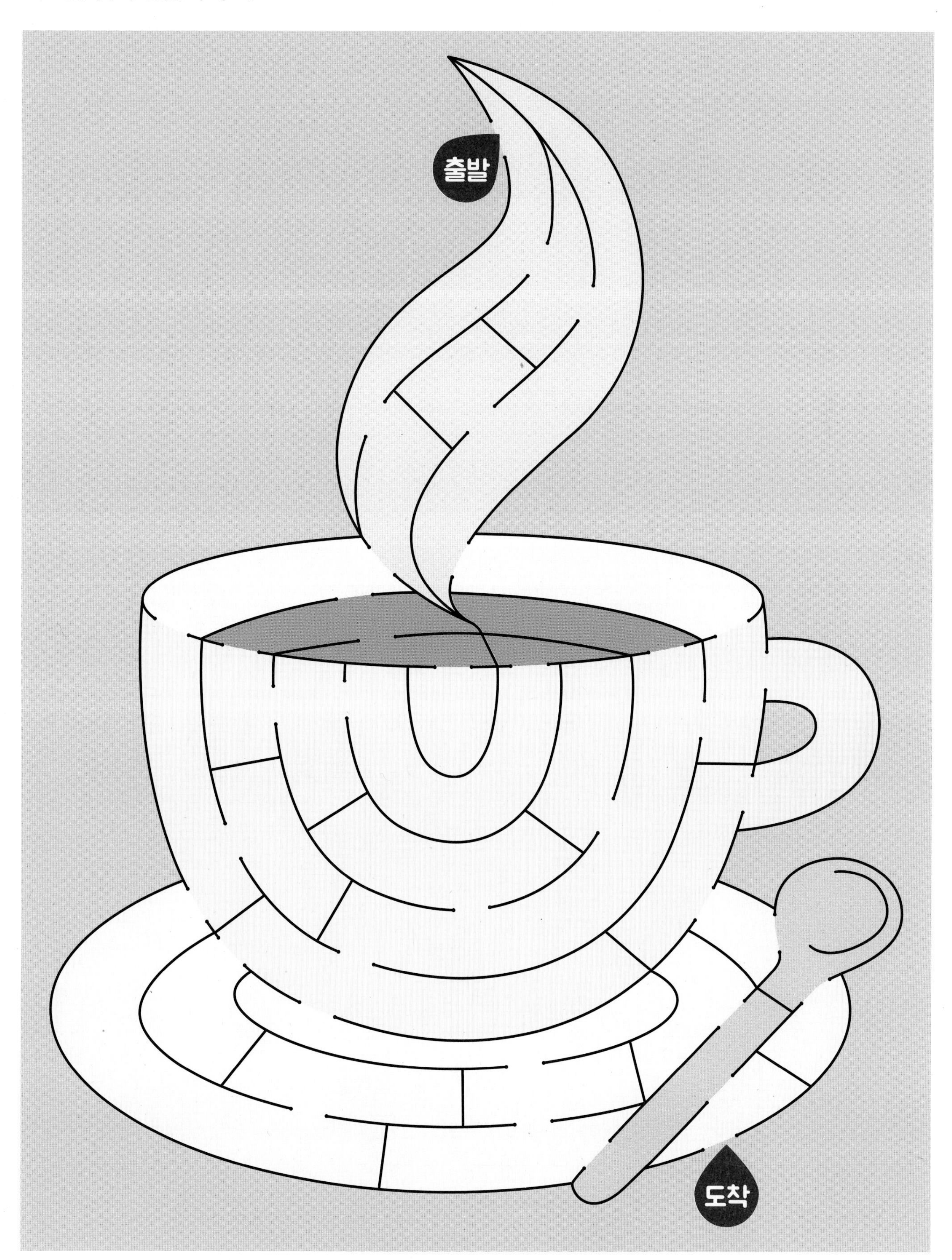

갯수 맞추기

보기와 같은 그림이 몇개나 있을까요? 네모 안에 갯수를 써주세요.

그림자를 찾아 주세요.

그림과 모양이 같은 그림자를 찾아 주세요.

미로 찾기

미로를 찾아 탈출하세요.

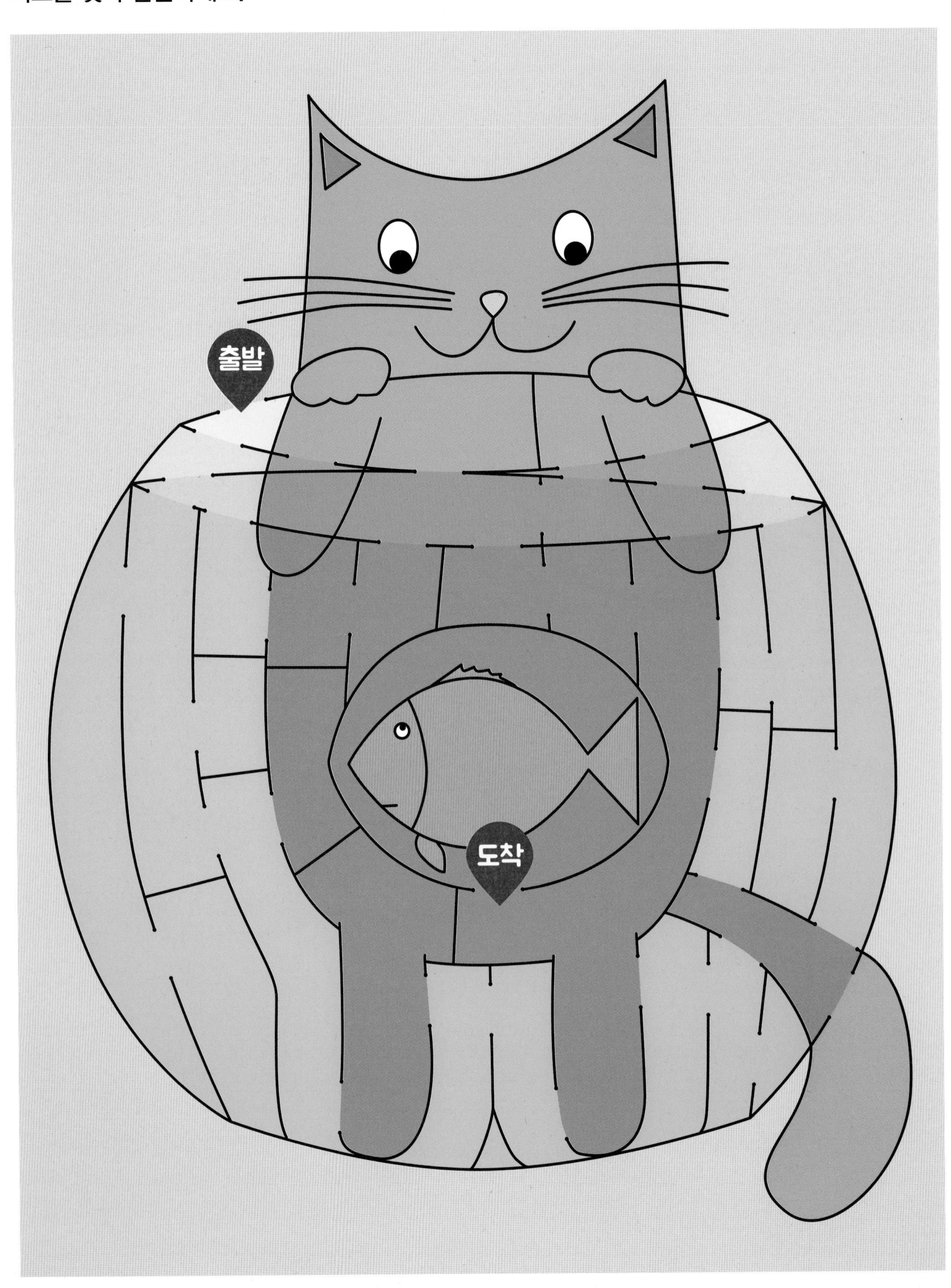

그림을 보고 계산해주세요.

저울에 올라간 두 개의 추에 합이 오른쪽과 왼쪽이 똑같게 해주세요.

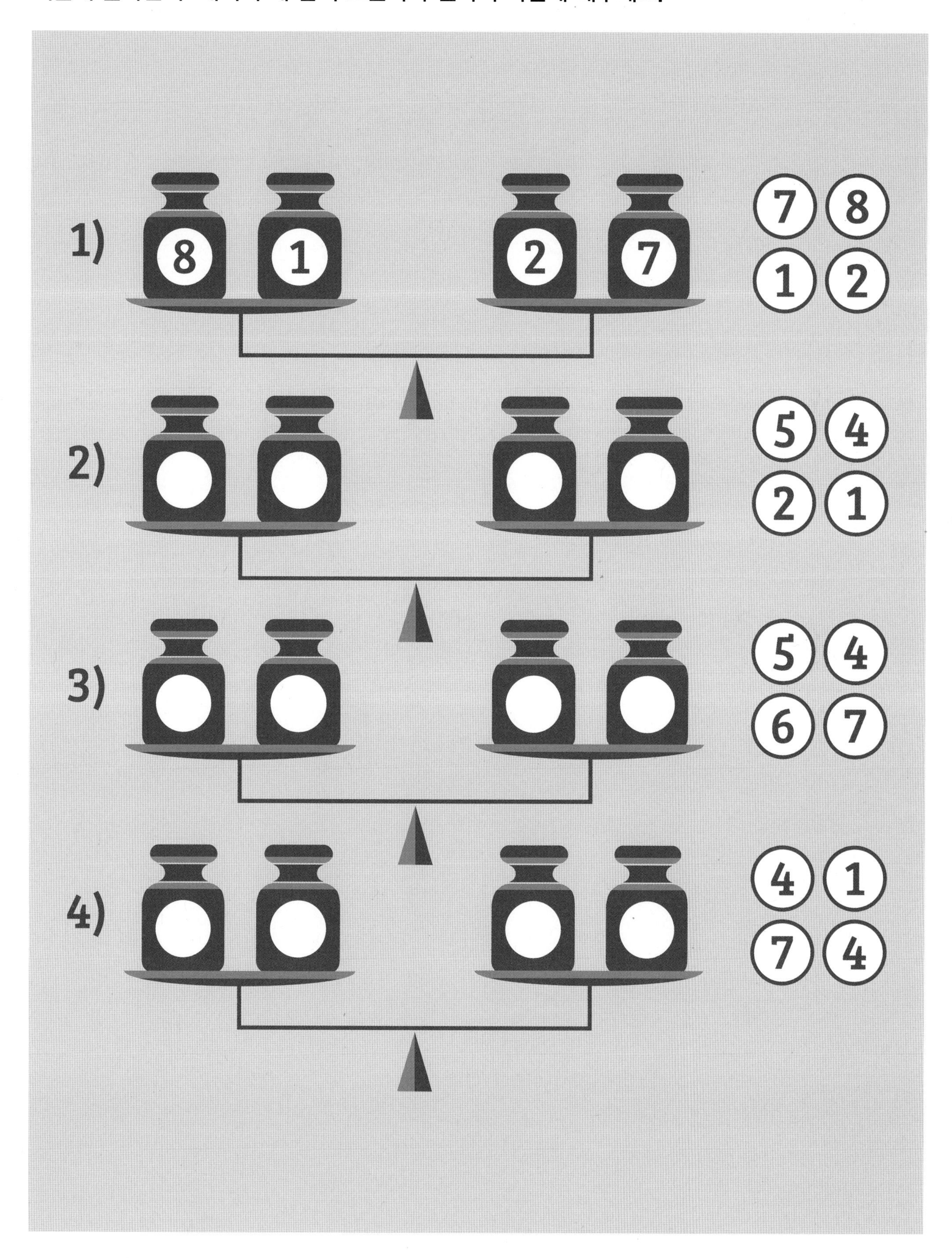

숨은 그림 찾기

숨어 있는 그림을 찾아 주세요.

다른 그림 찾기

위와 아래에 있는 그림을 자세히 살펴보세요. 다른 그림이 10개가 있습니다. 모두 찾아 주세요.

같은 그림 찾기

다음 그림 중에 같은 그림 2개를 찾아주세요.

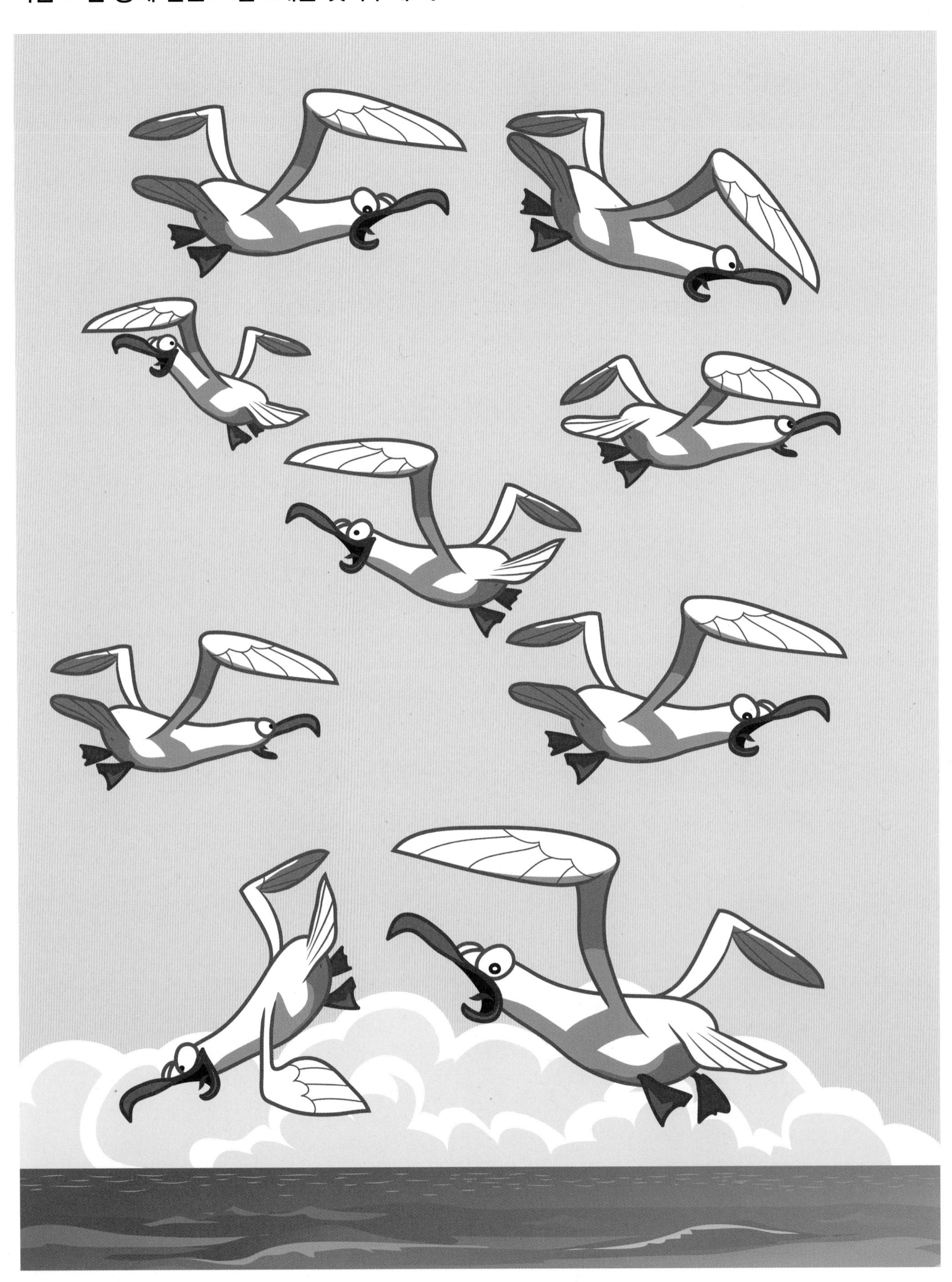

미로 찾기

미로를 찾아 탈출하세요.

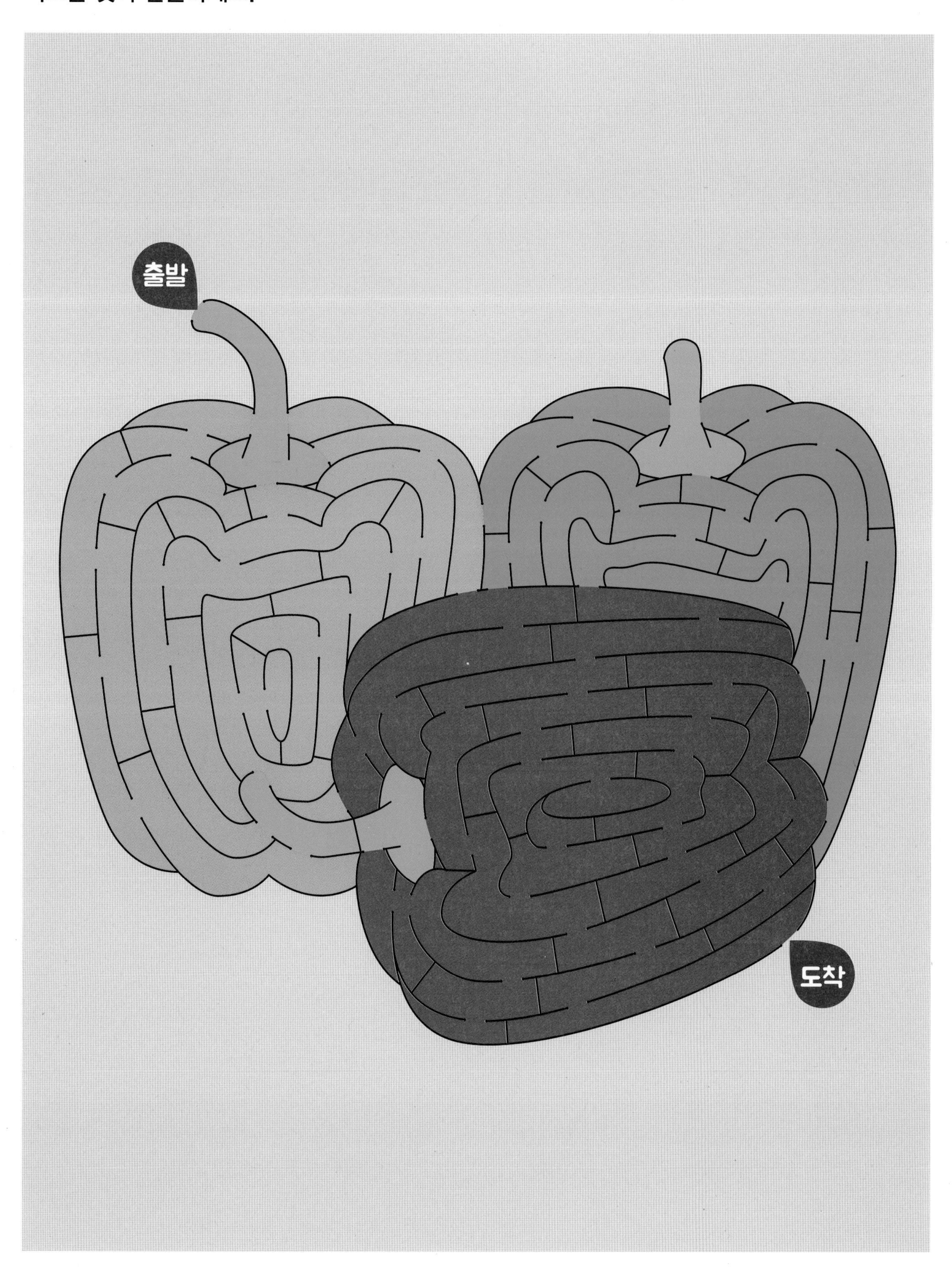

갯수 맞추기

보기와 같은 그림이 몇개나 있을까요? 네모 안에 갯수를 써주세요.

그림자를 찾아 주세요.

그림과 모양이 같은 그림자를 찾아 주세요.

미로 찾기

미로를 찾아 탈출하세요.

문제도 풀고 좋은 기억도 만드는 치매 예방 프로그램

할머니, 할아버지와 함께하는

치매 예방 & 두뇌 트레이닝

1-1

p. 4

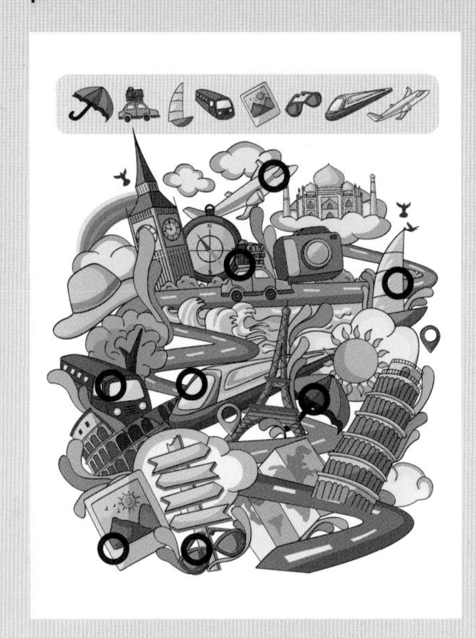

p. 5

p. 6

p. 7

p. 8

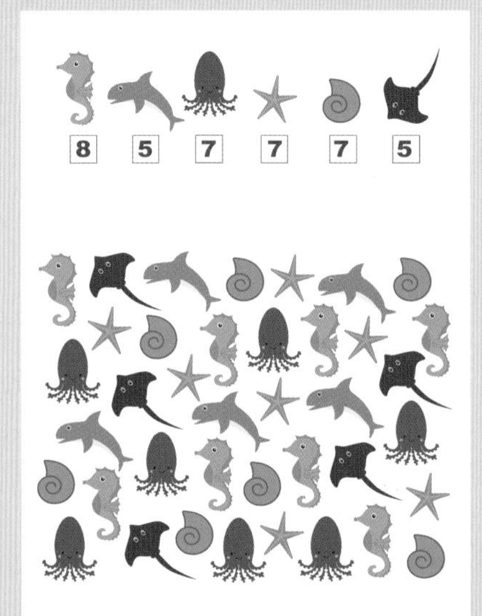

p. 9

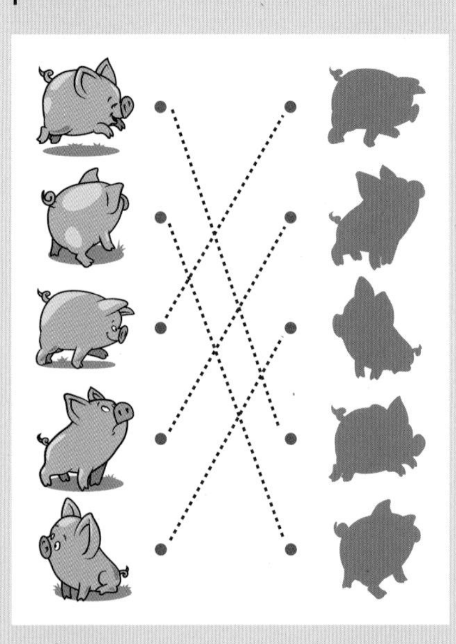

p. 10

p. 11

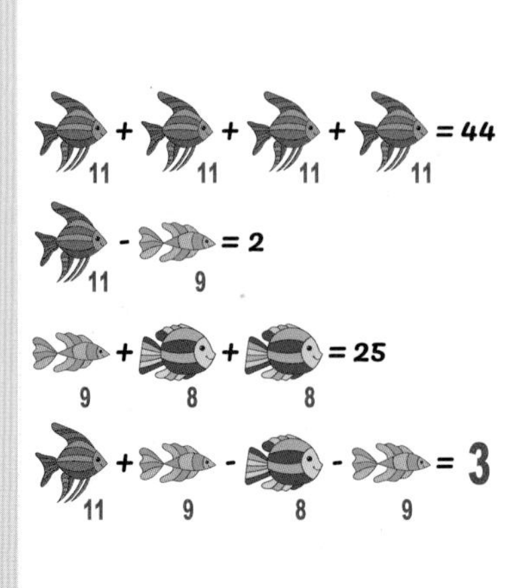

p. 12

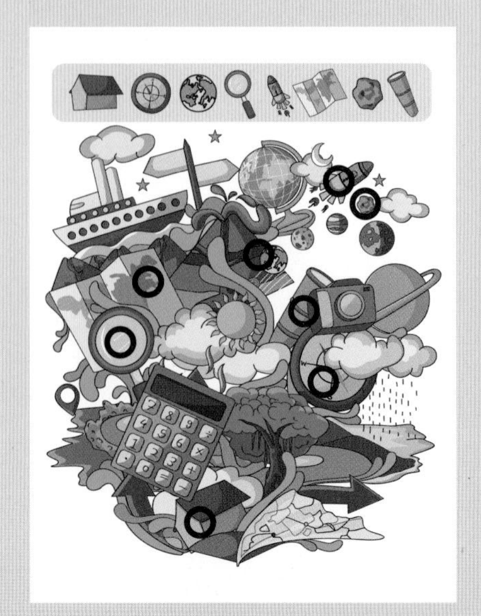

p. 13

p. 14

p. 15

p. 16

9 4 7 7 6 5

p. 17

p. 18

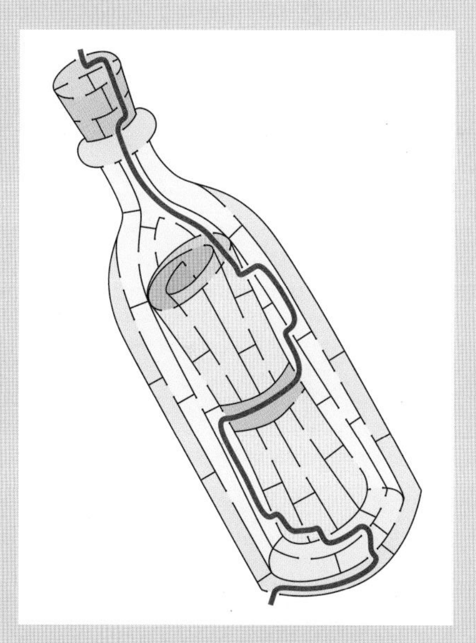

p. 19

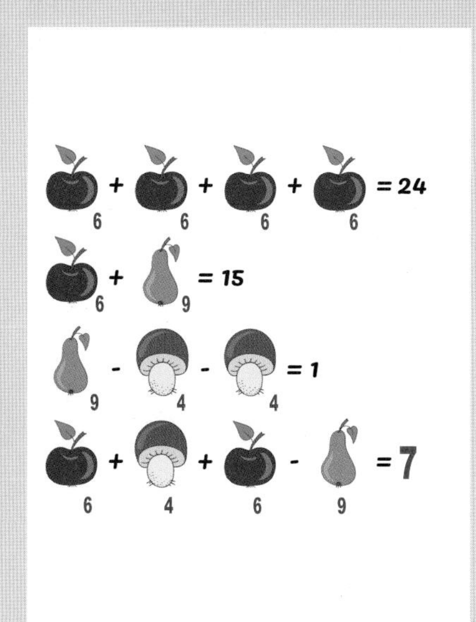

p. 20

p. 21

p. 22

p. 23

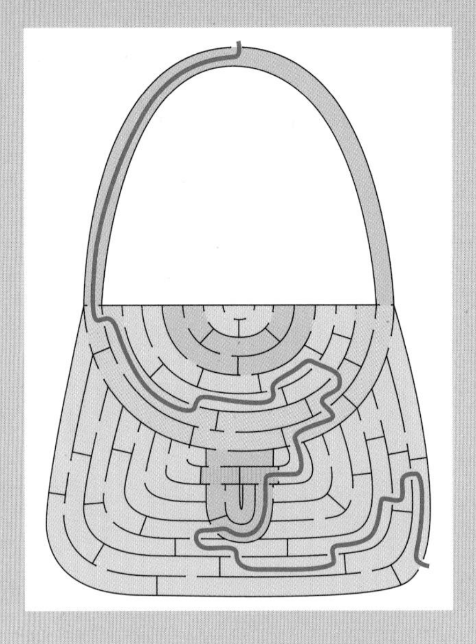

p. 24

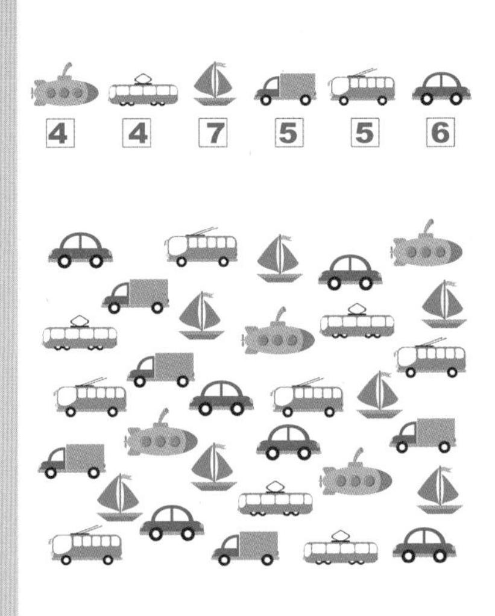

p. 25

p. 26

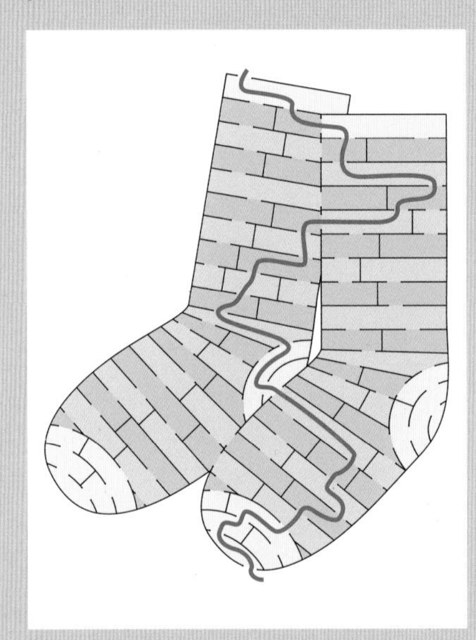

p. 27

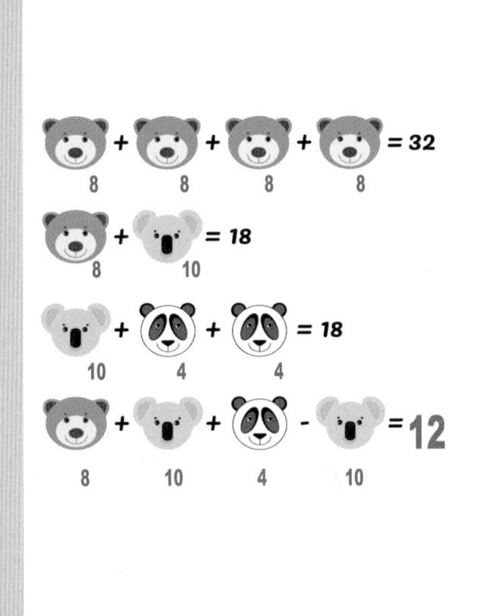

p. 28

p. 29

p. 30

p. 31

p. 32

p. 33

p. 34

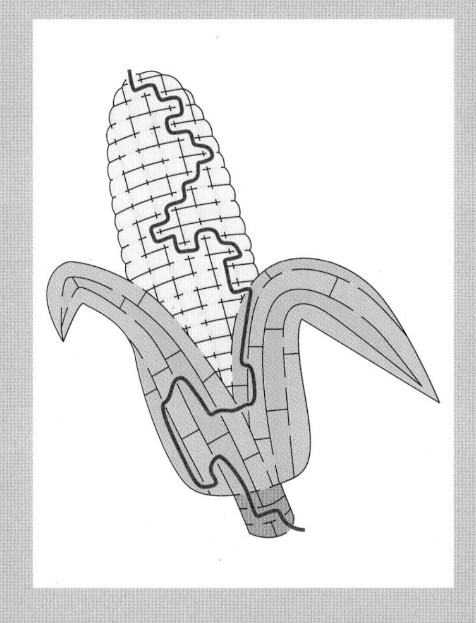

p. 35

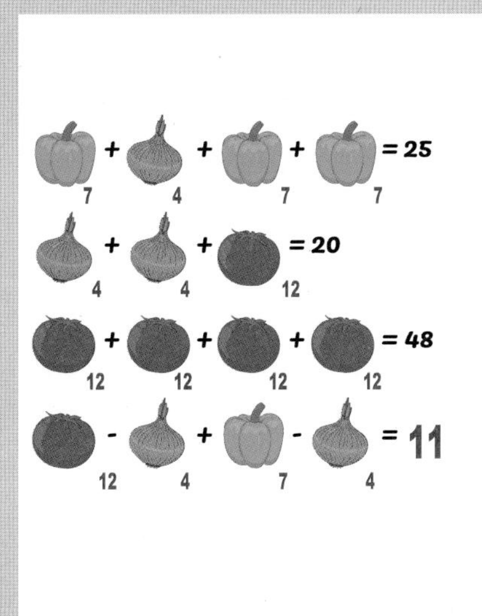

p. 36

p. 37

p. 38

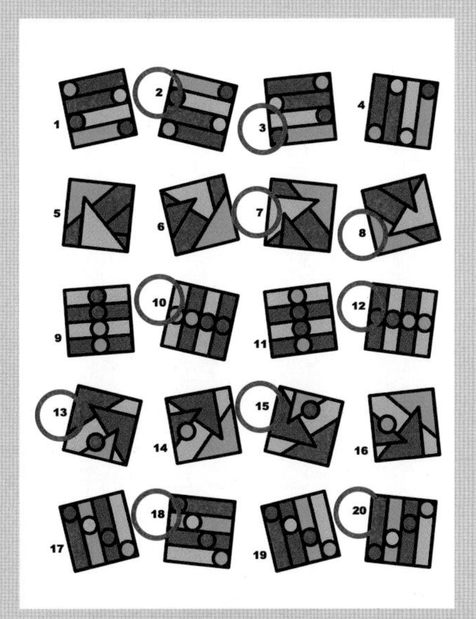

p. 39

p. 40

p. 41

p. 42

p. 43

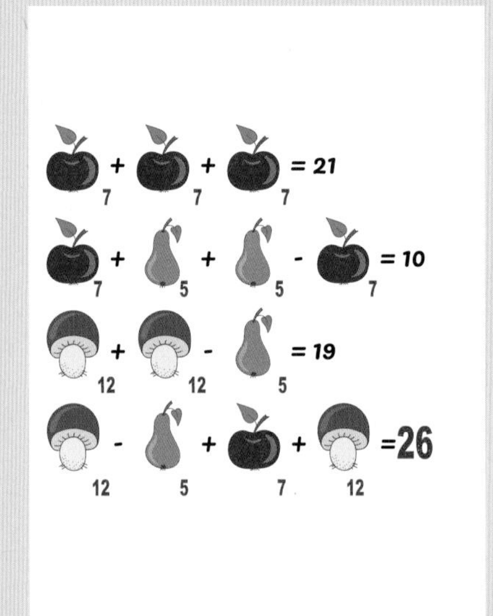

p. 44

p. 45

p. 46

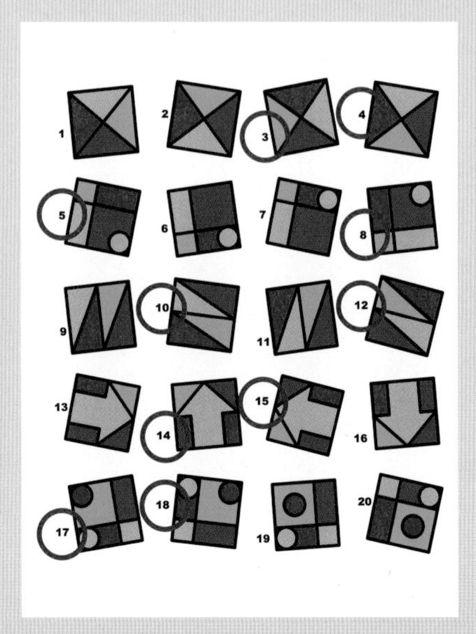

p. 47

p. 48

p. 49

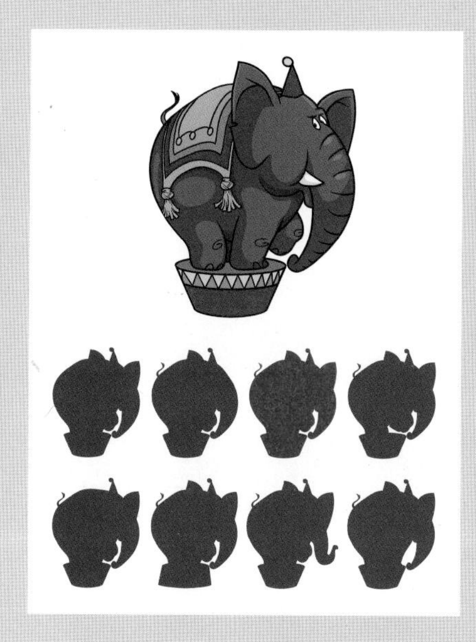

p. 50

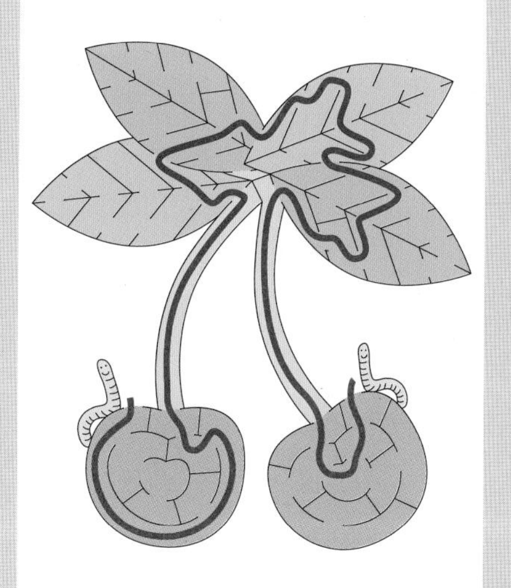

p. 51

p. 52

p. 53

p. 54

p. 55

p. 56

p. 57

p. 58

p. 59

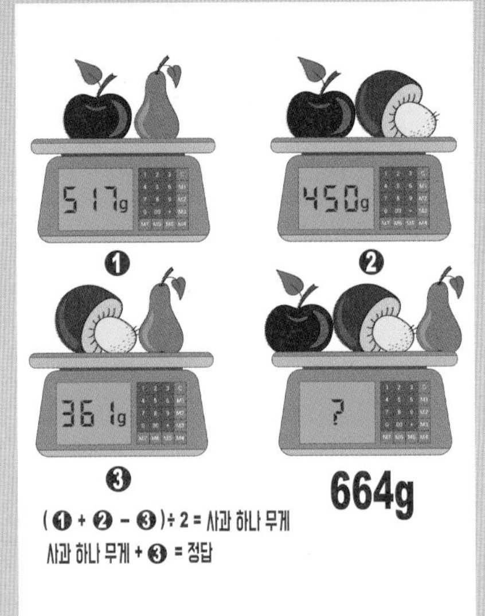

p. 60

p. 61

p. 62

p. 63

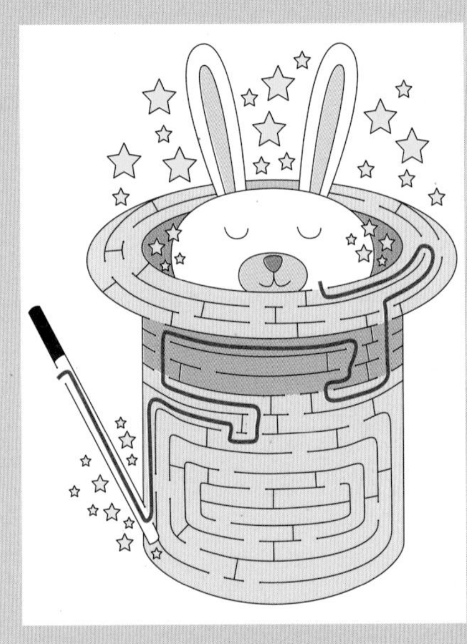

p. 64

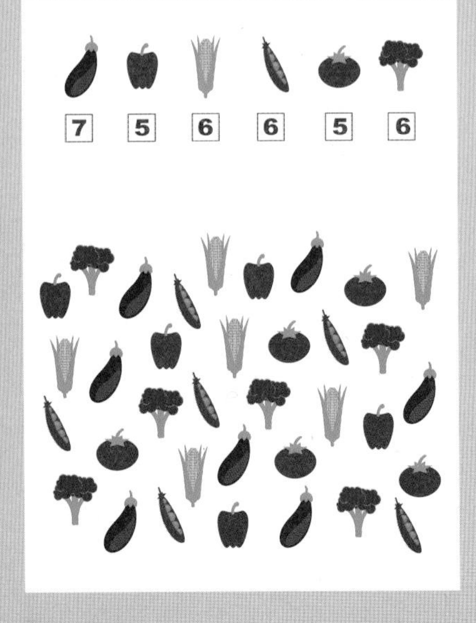

p. 65

p. 66

p. 67

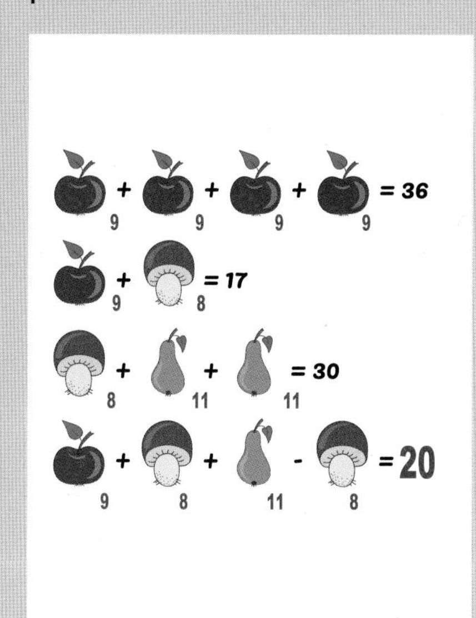

p. 68

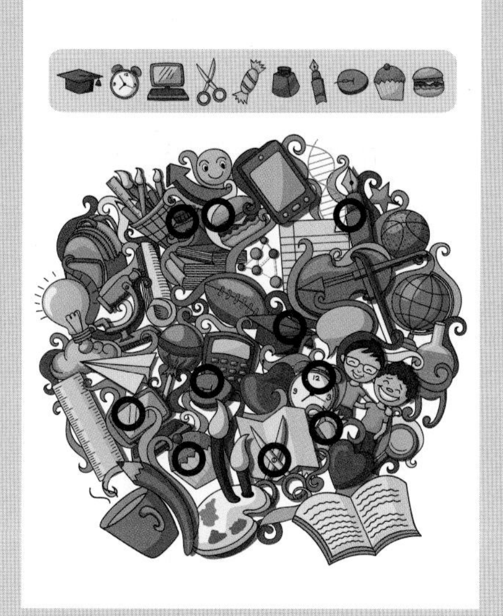

p. 69

p. 70

p. 71

p. 72

p. 73

p. 74

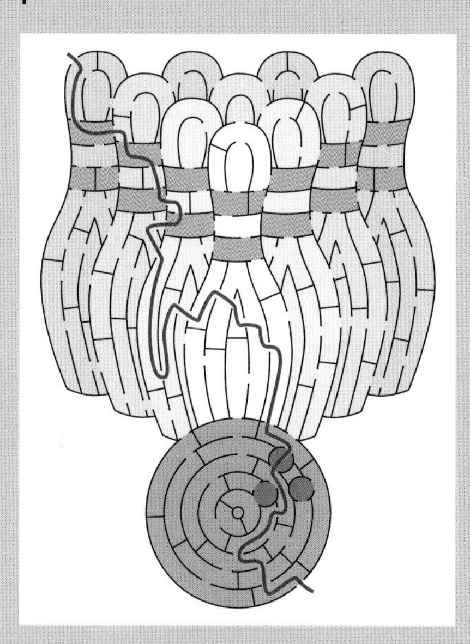

p. 75

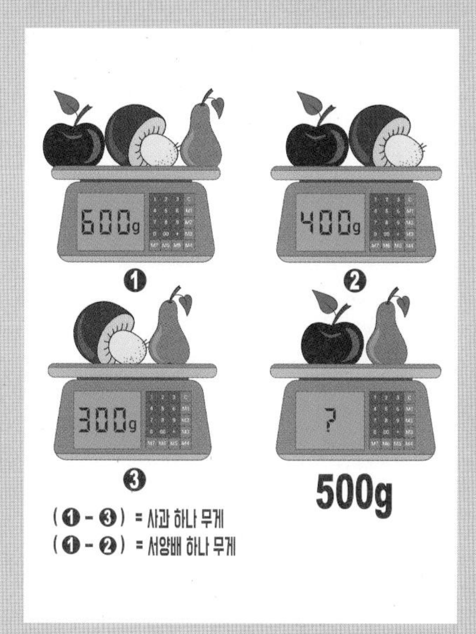

p. 76

p. 77

p. 78

p. 79

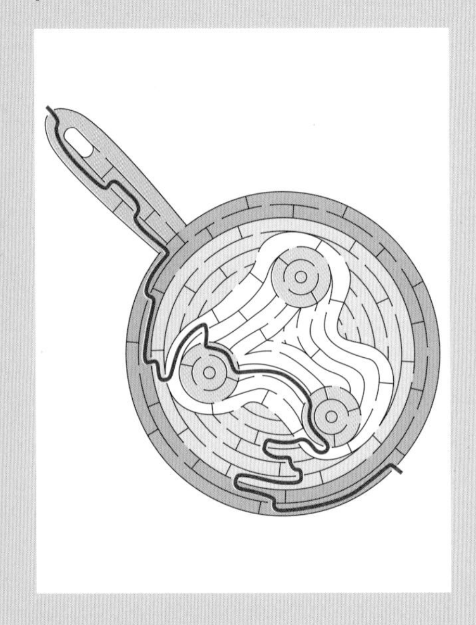

p. 80

p. 81

p. 82

p. 83

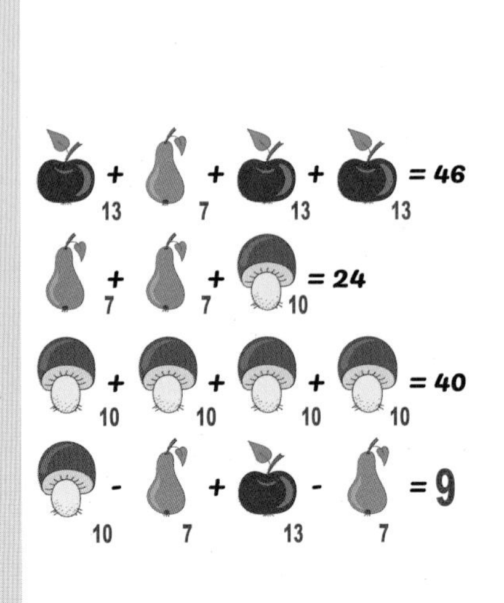

p. 84

p. 85

p. 86

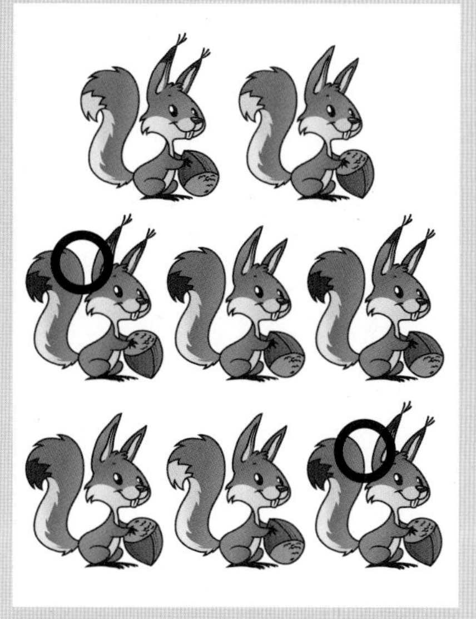

p. 87

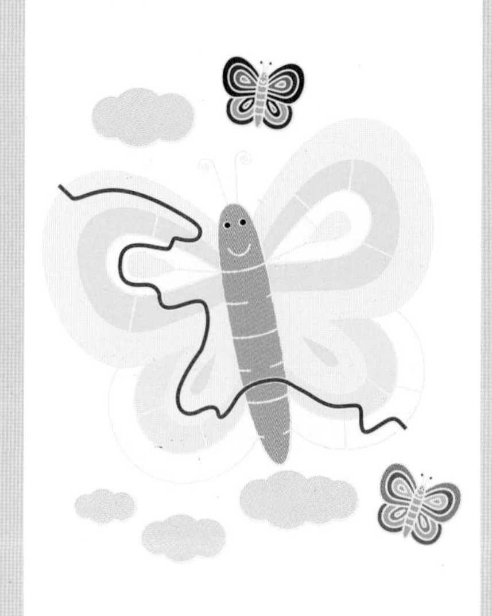

p. 88

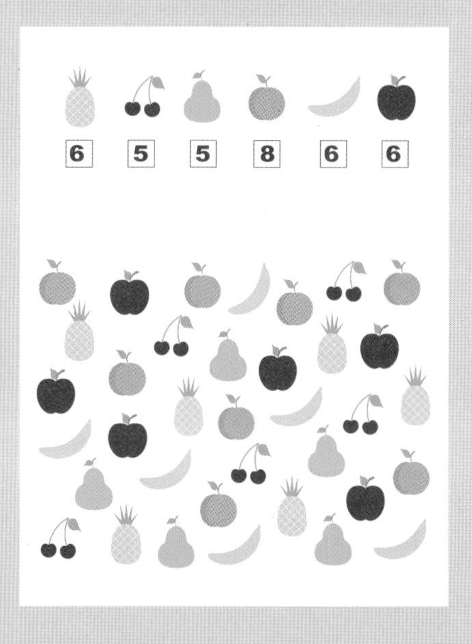

p. 89

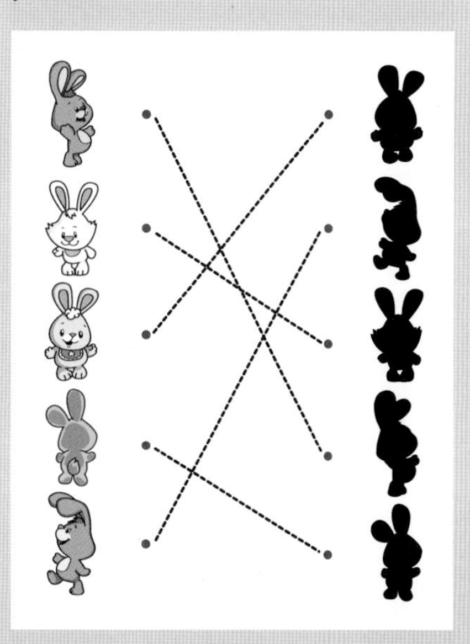

p. 90

p. 91

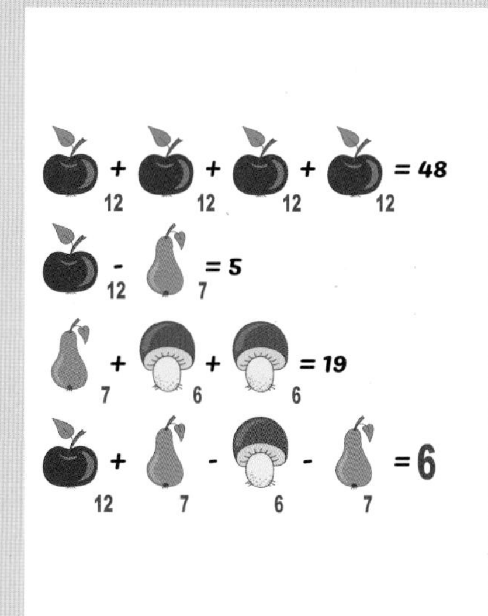

p. 92

p. 93

p. 94

p. 95

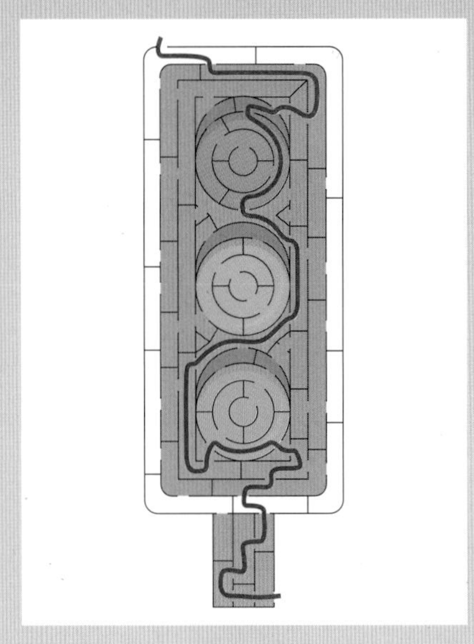

p. 96

p. 97

p. 98

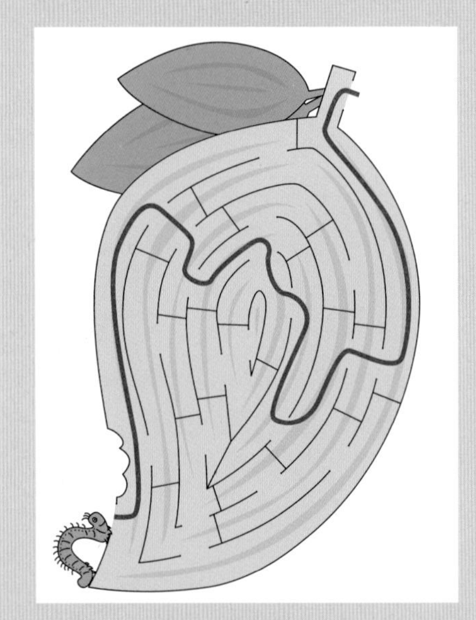

p. 99

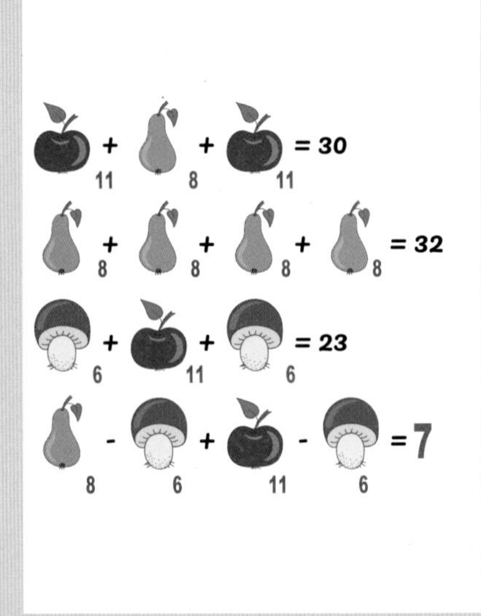

p. 100

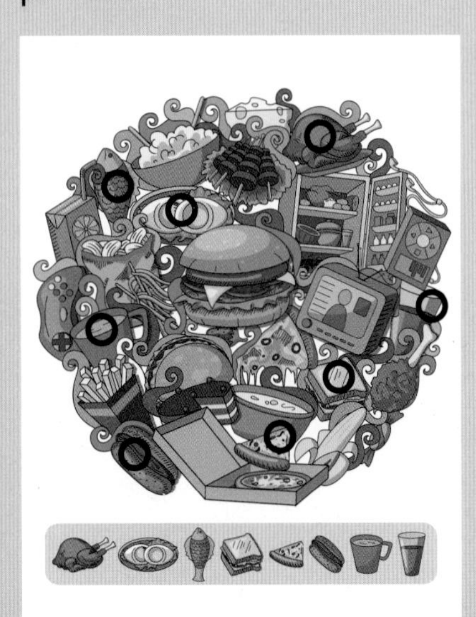

p. 101

p. 102

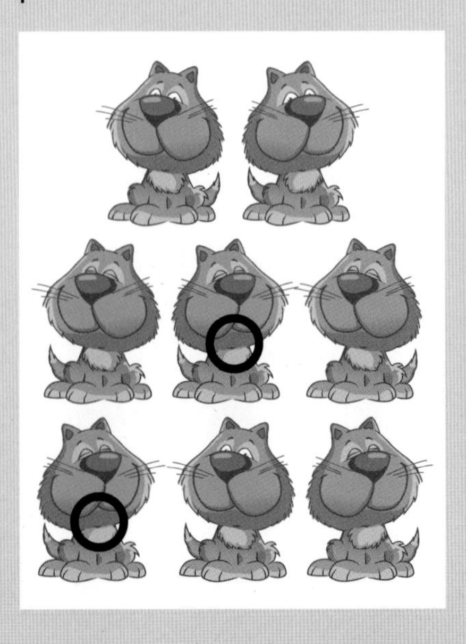

p. 103

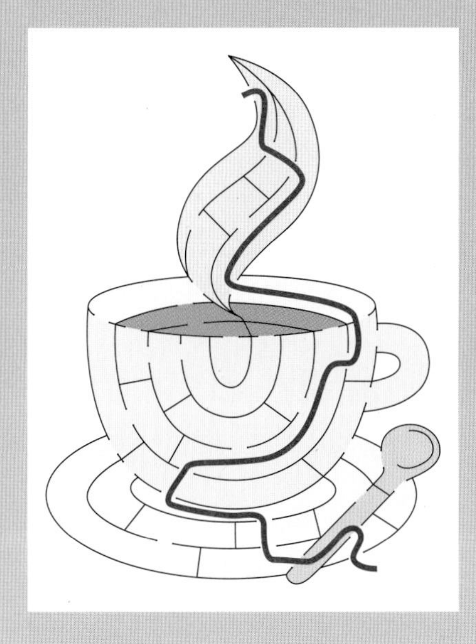

p. 104

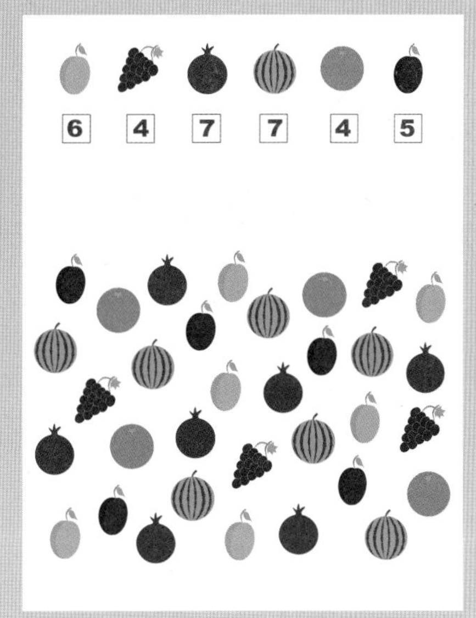

p. 105

p. 106

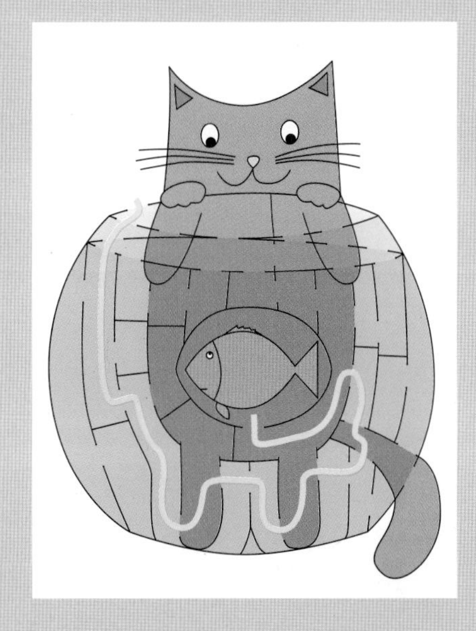

p. 107

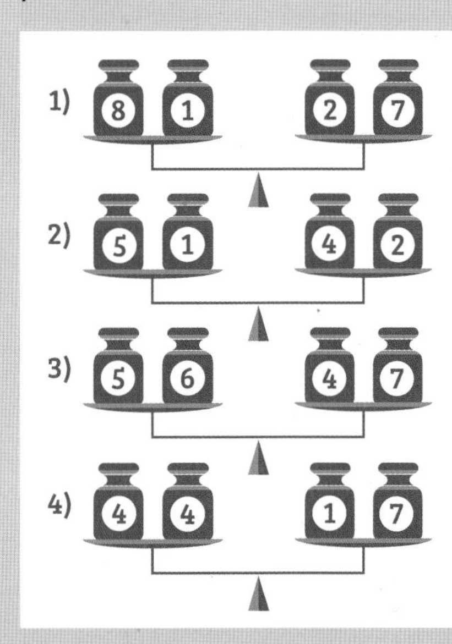

p. 108

p. 109

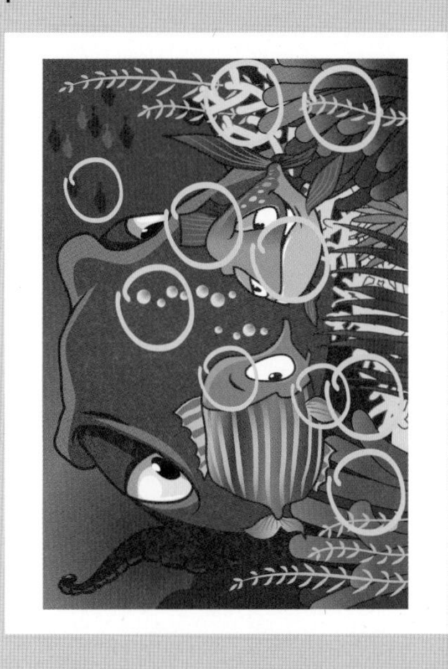

p. 110

p. 111

p. 112

p. 113

p. 114

치매 예방 &
두뇌 트레이닝
2-1권에서
다시 만나요~